Aprirsi alla Grazia

Swamini Krishnamrita Prana

Mata Amritanandamayi Center, San Ramon
California, Stati Uniti

Aprirsi alla Grazia
di Swamini Krishnamrita Prana

Pubblicato da:
Mata Amritanandamayi Center
P.O. Box 613, San Ramon, CA 94583
Stati Uniti

Prima edizione: marzo 2018

In Italia:
www.amma-italia.it
amma-italia@amma-italia.it

In India:
www.amritapuri.org
inform@amritapuri.org

Indice

O Dea, Tu sei la mia stessa vita,
dalle cui corde musicali scendono lucenti
inarrestabili lacrime d'amore per Te.
Per sempre innamorato di Te,
intreccerò una ghirlanda di stelle...

I miei occhi sono colmi di lacrime,
la mia voce è tremula
e il loto del mio cuore
sta sbocciando a mia insaputa.
Sciolto dall'umiltà, il mio cuore
assapora inebriato l'ambrosia
che compassionevolmente fai scendere
come pioggia su di noi.

Sebbene io non sia che un figlio qualunque,
neppure baciato da grande fortuna,
il mio cuore è sempre in festa.
O Dea di mirabile aspetto, il mio cuore
si è fuso nella Tua bellezza suprema.

Incarnazione della Verità,
della Conoscenza e della Beatitudine,
o Dea della Saggezza eterna
inaccessibile all'intelletto,
la Tua dimora è costruita
con la gemma Chintamani,
che esaudisce i desideri.
Santificata dal Tuo tocco,
la mia vita è stata benedetta...
Immersa in un oceano di beatitudine.

Praneshvari (canto devozionale malayano)

Introduzione

"Il vento della grazia di Dio soffia sempre.
Tocca a noi issare le nostre vele".

— *Sri Ramakrishna Paramahamsa*

La Grazia divina, la grazia del Guru, è il regalo più puro e perfetto che possiamo ricevere in questa vita.

La grazia ci farà raggiungere lo scopo supremo dell'esistenza: la liberazione da tutte le sofferenze e la vera pace. Non saremo mai in grado di raggiungere tale obiettivo unicamente con i nostri sforzi. Per quanto ci impegniamo nel cammino spirituale, solo la grazia di un vero Maestro può condurci a casa.

La Grazia divina è dappertutto, dobbiamo solo essere sufficientemente aperti per riceverla. Non importa quali siano le nostre pratiche spirituali o quanto si sia fisicamente lontani: se una persona si trova dall'altra parte del mondo e la sua mente e i suoi pensieri sono rivolti ad Amma, attrarrà la sua grazia.

Ci sono alcuni che forse ricevono molte attenzioni da Amma, ma seppure sia sempre una cosa meravigliosa, questo fatto non necessariamente procura loro una pace duratura. Ciò che è importante è meritare di ricevere il potere trasformativo della grazia dal Guru.

A questo punto sorge questa domanda fondamentale: come aprirci per accogliere la Grazia divina? Quando apriamo i nostri cuori e compiamo buone azioni ogni giorno, il torrente della grazia di Dio inizia a scorrere.

In teoria è molto semplice: giusto atteggiamento + giusta azione = grazia.

Amma dice che il servizio disinteressato è il modo più potente per attrarre la grazia perché, unito ad altre pratiche spirituali, purifica la mente. La purezza mentale porta calma nei nostri pensieri, consentendoci così di focalizzarci, di concentrarci in un'unica direzione. Una mente pacifica richiamerà la grazia, che fluirà verso di noi e ci condurrà inevitabilmente alla meta.

Vivete pure nel modo che preferite, ma cercate sempre di compiere buone azioni. Ricordate che non è possibile cambiare il karma (i risultati delle azioni precedenti) che abbiamo maturato:

dobbiamo raccoglierne i frutti. Certo, la grazia può alleggerire questo fardello, ma non è verso questo scopo che bisogna indirizzare le nostre energie. Dirigiamo invece l'attenzione sull'avere pensieri nobili e sulle azioni positive che possiamo compiere ora e, quando il sole della spiritualità comincerà a sorgere in noi, capiremo chi siamo veramente e la grazia del Guru si manifesterà e inizierà a dissolvere l'ego.

Un giorno una donna che viveva da lungo tempo nell'*ashram* mi raccontò di come avesse incontrato Amma quindici anni prima. All'epoca la giovane viveva a New York, dopo essersi laureata in una delle migliori accademie di belle arti del Paese. Aveva tutto: un appartamento, un buon lavoro, denaro, possibilità di acquistare cibi raffinati e di divertirsi, vestiti alla moda e una cerchia di buoni amici. Eppure sentiva la mancanza di qualcosa di più profondo, nel suo cuore avvertiva un senso d'incompletezza.

"Qual è il senso della vita?" si chiedeva spesso, finché un giorno crollò e scoppiò a piangere rivolgendosi a Dio, singhiozzando angosciosamente e gridando istericamente: "Deve esserci molto più di questo nella vita!"

La donna consultò un veggente, sperando di ricevere delle risposte. "Vedo che stai per andare in un posto circondato da dolci colline", le disse questa persona, "e sarà lì che ti riunirai a tua Madre. Lei ti ama immensamente e ti sta aspettando, impaziente di abbracciarti e riportarti a casa...".

La donna liquidò queste parole come semplici sciocchezze. Stava pensando di trasferirsi in California, mentre sua madre viveva a Milwaukee! Inoltre sua madre era piuttosto fredda e raramente aveva dei gesti affettuosi. Era quindi da escludere che la stesse aspettando o che l'avrebbe accolta a braccia aperte.

Dopo qualche giorno dal suo arrivo in California, la donna si recò all'ashram di San Ramon. Per quelli che non ci sono mai stati, l'ashram è circondato da dolci colline... ed è lì che incontrò la Madre.

Non appena la vide, gli occhi le si riempirono di lacrime perché nel suo cuore aveva finalmente compreso di essere tornata a casa. Da allora vive con Amma e in questi quindici anni ha dedicato il suo tempo a servire in modo disinteressato.

Anche se non possiede molte cose, si sente in pace e soddisfatta come non mai.

Vivere accanto ad Amma produce davvero una metamorfosi in noi e, da individui limitati e mediocri, diventiamo gradualmente veri esseri umani, più inclini a mettere in pratica i più alti valori che sono in noi. Potremmo paragonare questo processo alla trasformazione di una crisalide che esce dal bozzolo e diventa una farfalla. È praticamente impossibile sbarazzarsi da soli di questo ego tenace, ecco perché è così importante avere un Maestro vivente. Solo un Maestro vivente può allentare la morsa dell'ego su di noi.

La grazia di un Guru autentico farà in modo che tutto avvenga spontaneamente, al momento giusto. Tutte le pratiche spirituali hanno lo scopo di prepararci a raggiungere lo stato di purezza mentale e pace suprema in cui la nostra vera natura può splendere.

Con i nostri soli sforzi possiamo ottenere molto poco: la grazia divina è tutto! Quindi, perché non compiere buone azioni quando è possibile? Con la sua vita, Amma ci ha sempre mostrato come offrirsi interamente, impegnandosi a fare del bene al mondo, fino a consumarsi.

Il suo esempio è di un altissimo valore, che potremo cogliere interamente solo man mano che aumenterà la nostra comprensione.

La forza dell'amore di Amma è straordinaria. Lei è come un grande autobus del tour dell'India del Nord che accoglie tutti, stretti l'uno all'altro! Amma è un enorme transatlantico capace di portare tutti attraverso l'oceano della sofferenza, nessuno viene rifiutato o lasciato indietro, lei si prende cura di ognuno. La sua grazia renderà sicuramente la vita completa.

Tutto è molto semplice, siamo noi a complicare così tanto ogni cosa…

La grazia del Guru porta alla Liberazione.

Capitolo 1

I valori per la vita

"I vostri valori diventano il vostro destino".

— *Mahatma Gandhi*

La madre di Amma adorava il Divino in tutto e in tutti e iniziava a pregare nel momento in cui apriva gli occhi ogni mattina. Appena sveglia, allungava il braccio e toccava la terra tre volte con la punta delle dita, poi umilmente chinava la testa a mani giunte. Solo dopo aver compiuto questi gesti poneva rispettosamente i piedi a terra.

Tutto questo faceva parte della routine giornaliera della madre di Amma e di molti altri abitanti del villaggio. A quei tempi tutti loro vivevano così, con grande semplicità, e le loro giornate erano costellate da modi sottili con cui esprimere la riverenza per un potere più alto. Le loro vite erano piene di compassione, accettazione e altruismo.

Ora i tempi sono cambiati. Al giorno d'oggi quanti trascorrono gran parte del tempo pensando a Dio o almeno pensando agli altri? La maggior parte delle persone vive intrappolata dentro se stessa e pensa solo a "me, la mia famiglia e le mie cose".

La filosofia hindu fornisce un valido motivo che spiega l'egocentrismo che vediamo tutt'intorno a noi. Ci insegna che il tempo è ciclico, non lineare, ed è suddiviso nei seguenti quattro cicli conosciuti come *yuga*:

Satya Yuga, l'età dell'oro, in cui prevale l'onestà; *Treta Yuga*, l'età dell'argento, in cui le virtù cominciano a declinare; *Dwapara Yuga*, l'età del rame, in cui le virtù innate nella società perdono ancora più valore e *Kali Yuga*, l'età del ferro, in cui domina l'ingiustizia.

L'oro è il metallo più puro e raffinato; al secondo posto c'è l'argento, seguito dal bronzo e infine dal ferro, con cui sono forgiate le armi. La decrescente qualità dei metalli simbolizza il deterioramento delle buone qualità negli esseri umani e nella vita stessa con il succedersi delle varie epoche. Perfino la durata della vita, l'altezza, la forza fisica e mentale delle persone si riducono con l'avvento delle diverse ere.

Alcune scuole di pensiero hanno calcolato che i diversi yuga hanno questa durata:

Satya Yuga: 1.728.000 anni

Treta Yuga: 1.296.000 anni

Dwapara Yuga: 864.000 anni

Kali Yuga: 432.000 anni

Tali scuole affermano che siamo entrati nel Kali Yuga solo da 5.000 anni circa. Ci siamo appena addentrati nell'età oscura, cominciata con la morte del Signore Krishna nel 3100 a.C. circa.

Altre scuole di pensiero ritengono che l'intero ciclo degli *yuga* duri solo 12.000 anni e che ogni *yuga* duri 3.000 anni; quindi occorrono 12.000 anni perché tutte queste quattro ere si manifestino. Alla fine del Kali Yuga, il ciclo risale verso tutti i precedenti yuga, continuando all'infinito. Quelli che accettano questa teoria pensano che siamo quasi al termine del Kali yuga, che terminerà nel 2025. Essi affermano che le traduzioni errate dei testi sacri hanno causato enormi errori nel calcolo del numero degli anni di ogni *yuga*.

Anche se la lunghezza degli *yuga* è ancora un argomento controverso, tutti concordano sul fatto che i cicli conducono lentamente l'umanità attraverso stati in cui la materia e la mente sono in costante evoluzione e involuzione.

Molti di noi vedono chiaramente come negli ultimi anni il mondo e le persone siano cambiati in peggio. La bontà nel mondo è sempre più soffocata. Ciò nonostante vi è una grazia salvifica che appare sempre nei nostri momenti più difficili e nel buio più profondo e che ci spinge a invocare Dio. Questa è una delle benedizioni più grandi che possiamo ricevere quando stiamo attraversando periodi difficili. Se guardiamo dentro di noi, con la grazia di Dio possiamo fuggire dall'"epoca buia' e trovare interiormente 'l'età dell'oro'.

Si dice che in questa epoca oscura solo il 10% delle persone sia buona e che, anche in questo caso, i malvagi cercheranno di trascinare anche loro nel pozzo nero in cui essi si trovano. Noi non vogliamo restare impantanati assieme a quel 90%, quindi cerchiamo di conservare e tenere viva la virtù che è in noi. È sempre più difficile evitare le tentazioni che ci circondano da tutte le parti ed è assai arduo non essere trascinati nell'oscurità quando la gente sembra voler andare in questa direzione.

Persino qui ad Amritapuri, ho visto un adolescente che indossava una maglietta con scritto "Quando sono buono, sono molto buono, ma quando sono cattivo, sono FANTASTICO!" Al giorno d'oggi è diventato di moda essere cattivi!

Uno dei professori dell'Amrita University ha raccontato che l'anno scorso il sistema informatico dell'università era stato infettato da un virus che aveva cancellato migliaia di documenti in tutto l'ateneo. Questo virus si era infiltrato nel campus con la chiavetta di qualcuno e si trasferiva attraverso le stampanti. Ogni volta che qualcuno salvava un documento sulla sua chiavetta per stamparlo, la stampante la infettava e quando poi la pennetta USB veniva nuovamente inserita nel computer del proprietario, lo infettava. Il virus si era esteso rapidamente in tutto il campus.

In tutto il mondo gli *hacker* creano virus che invadono università, governi e banche per sabotarli e lo fanno solo per svago. Al giorno d'oggi le persone provocano distruzione per puro divertimento.

Quando guardiamo i telegiornali, vediamo quanta violenza ci sia ovunque; in tutto il mondo le persone si uccidono per inezie. Il declino dei valori in tutti i settori della società favorisce un aumento della violenza.

Se ci rafforziamo rinsaldando le nostre buone qualità, riusciremo a resistere alla tendenza che in modo grossolano e subdolo ci spinge costantemente a comportarci scorrettamente. Amma spera che gli ideali altruistici sboccino in noi; quando questo accadrà, potremo compiere azioni che rendano migliore questo nostro mondo travagliato.

In diverse occasioni i giornalisti hanno chiesto ad Amma: "Se potessi cambiare un aspetto del mondo d'oggi, quale sceglieresti?" La risposta è sempre la stessa: "I valori. Dovremmo cercare di ristabilire i valori nella vita. I valori sono la base su cui poggia la nostra società; senza di essi ogni cosa si sgretolerà e regnerà la disarmonia".

Quando lei incontra la gente, uno dei temi che affronta più spesso è l'importanza dei valori umani. Amma ci ricorda che "l'India è nota per la ricchezza dei valori spirituali e questi valori non dovrebbero scomparire dalla faccia della Terra".

In molte persone non vengono instillati buoni valori durante l'infanzia e quando si è ragazzi non se ne comprende l'importanza. Ci sono molti giovani con menti immature che hanno figli. Se non insegniamo ai figli a vivere secondo nobili valori, quando essi cresceranno e formeranno una loro famiglia non sapranno come vivere con rettitudine e non avranno gli strumenti per trasmettere questa consapevolezza alle generazioni future. Se qualità come l'amore altruistico, l'umiltà e il perdono non vengono insegnati dai genitori ai giovani mentre crescono, per i figli sarà quasi impossibile vivere felicemente in questo mondo in costante cambiamento.

Di recente, mentre passeggiavo, ho incontrato un bambino che ha allungato la sua mano verso di me e mi ha chiesto: "Un iPod!" Avrebbe potuto essere divertente se non fosse stato così sconcertante. Sono abituata a bambini che chiedono una penna, o addirittura soldi, ma un iPod? Certamente non ne avevo uno da dargli. Dove sta andando il mondo?

Ho avuto il mio primo cellulare solo sei mesi fa...

I desideri sono all'origine dell'infelicità. Quando li inseguiamo ciecamente, si rafforzano e creano un senso d'insoddisfazione sempre più profondo. Per contro, i valori spirituali ci portano alla realizzazione più alta e alla pace interiore. Sfortunatamente il mondo gravita molto velocemente intorno ai desideri e solo con riluttanza intorno alla virtù.

Amma ci ricorda che vivere adottando un sistema di valori aiuta a mantenere l'armonia e l'equilibrio con ciò che ci circonda. Se non viene impartita una direzione a un missile, una volta che è stato lanciato e ha vinto la forza di gravità, vagherà impazzito non sapendo dove andare. Allo stesso modo, senza un sistema di valori che ci radichi, la nostra mente salterà freneticamente da un desiderio all'altro senza mai trovare pace.

Amma fa questo esempio: "Supponiamo di costruire un fortino solo con dei mattoni e qualche altro materiale. Un giorno o l'altro si sgretolerà e crollerà se manca la forza coesiva del cemento che tiene uniti tutti i materiali. Allo stesso modo i valori sono il collante, la forza che aggrega tra loro le persone a livello fisico e mentale. I valori sono il cemento della società".

Senza questo 'cemento', nella società si apre una breccia che tende ad allargarsi sempre più. Invece d'insegnare ai nostri bambini come distinguere tra ciò che è giusto e ciò che è sbagliato, gli diciamo che va bene seguire i propri desideri, anche se egoistici, senza curarsi degli altri né pensare alle conseguenze delle proprie azioni. Purtroppo nel mondo odierno le buone qualità stanno rapidamente scomparendo.

Una giovane donna mi ha recentemente raccontato che, quando andò a visitare il nipotino in America, scoprì che aveva cassetti e armadi pieni di giocattoli abbandonati e si chiese come questo fatto influisse sulla sua mente ancora in via di sviluppo. Ogni volta che il bambino voleva un oggetto nuovo l'otteneva e dopo pochissimo tempo lo metteva da parte. I genitori trovavano certamente più semplice soddisfare i suoi desideri invece di disciplinarlo; ma la donna mi raccontava quanto fosse triste nel notare come la mente del piccolo fosse già condizionata e si chiedeva come il bambino potesse sviluppare l'accettazione, la capacità di concentrarsi su un obiettivo e apprendere la disciplina con una simile educazione.

Amma dice che "nel mondo d'oggi le persone vivono in case dotate di ogni comodità. Dimorano in bellissimi edifici climatizzati e possiedono auto di lusso. Ciò nonostante, alcuni si tolgono la vita sebbene siano ricchi e vivano in dimore climatizzate. Esiste qualcosa di più alto che dona pace e felicità".

I valori apportano equilibrio ed armonia nella vita. Amma afferma che seguire buoni princìpi infonde equilibrio al ritmo della vita e illustra questo punto con la seguente metafora: "Proprio come i semafori garantiscono la sicurezza e il controllo del traffico stradale, così un sistema di valori impedisce di sprofondare nel caos".

Solo quando impareremo a tendere la mano agli altri saremo veramente felici. Tale aiuto può essere molto semplice, come regalare un sorriso, e questo piccolo sforzo può aprirci alla grazia.

Un giorno, mentre ci trovavamo a bordo di un aereo diretto alle Mauritius, un *brahmachari* (ricercatore spirituale celibe) si ritrovò seduto accanto a una madre e il suo bambino. Era *ekadashi*, il tradizionale giorno di digiuno per molti indiani, e questo uomo aveva deciso che quel giorno avrebbe digiunato.

Il bambino era steso nella sua culla, ma dopo poco iniziò a piangere. La donna lo prese in braccio, ma ogni volta che cercava di rimetterlo nella culla, il piccolo ricominciava a strillare. La donna non poteva quindi far altro che continuare a tenerlo in braccio.

Dopo poco gli assistenti di volo cominciarono a servire il pasto, ma poiché la madre aveva sulle ginocchia il bambino, non c'era spazio sufficiente per aprire il tavolino: avrebbe potuto mangiare solo se il *brahmachari* le avesse offerto di appoggiare il vassoio sul suo tavolino.

L'uomo notò quanto fosse difficile per questa madre aprire con la sola mano libera le varie vaschette. Praticamente non sarebbe riuscita a mangiare quasi nulla. Le offrì di aprire il cartone di succo di frutta e poi le chiese con delicatezza: "Burro?" La donna sorrise mentre lui le imburrava il pane. Calandosi nello spirito di servizio, il *brahmachari* cominciò a tagliarle il cibo, facendo dei bocconcini piccoli in modo che potesse mangiarli facilmente. In questo modo lei poté finire il pasto.

Un membro del nostro gruppo venne da me raccontandomi quanto quella scena fosse adorabile e così decisi di andare a vedere. Dopo averla guardata furtivamente per un po', tornai al mio posto e confidai ad Amma che uno dei suoi *brahmachari* celibi aveva ora una grande famiglia!

Anche lei si alzò e sbirciando dalla tenda lo vide che si prendeva premurosamente cura di questa giovane madre. Quando lui se ne accorse, fu felice nel vedere che Amma era venuta ad osservarlo. Fu un momento di grazia.

Spesso i *brahmachari* hanno un atteggiamento del tipo: "No, le donne no! Non vogliamo avere nulla a che fare con le donne!" Ma c'è un momento in cui dovremmo riuscire a superare le barriere di ciò che ci piace o non ci piace e offrire il nostro aiuto, perché in quel momento questa è la cosa giusta da farsi (e chissà mai... Amma potrebbe essere lì a guardare!).

La pace nasce dalla comprensione spirituale, dal rispetto dei buoni valori e, soprattutto,

dall'amore e dal servizio agli altri. Quando viviamo osservando giusti princìpi, la grazia di Dio
scorrerà verso di noi come un fiume senza fine.

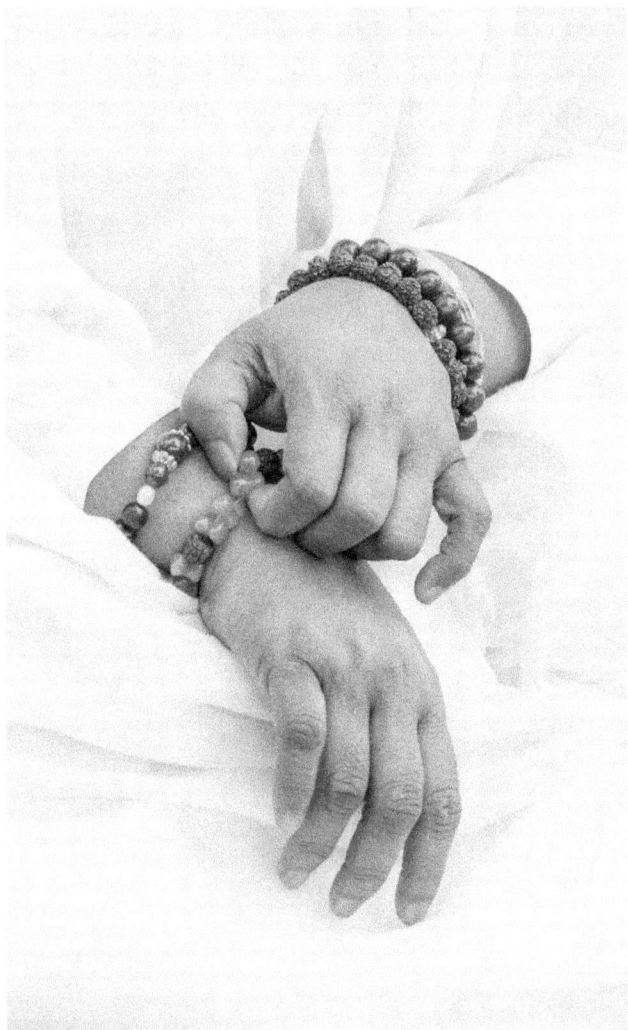

Capitolo 2

Una luce nell'oscurità

*"Com'è meraviglioso che nessuno abbia
bisogno di aspettare neppure un attimo
prima d'iniziare a migliorare il mondo".*

— *Anne Frank*

Amma racconta spesso che quand'era giovane
c'era molto amore nelle famiglie e un profondo
senso di vicinanza tra le persone. Ogni qualvolta
evoca i preziosi ricordi della sua infanzia, il suo
viso s'illumina di entusiasmo ed è bellissimo
vederla e ascoltarla in questi momenti.

Quand'era bambina, il sistema dei valori
era straordinariamente forte. I princìpi morali
ed etici nel villaggio e nella sua famiglia erano
molto rispettati e creavano una base felice per
l'infanzia e per la vita.

Amma narra diverse storie di quand'era
piccola per ricordarci con quanta generosità le

27

persone vivessero a quei tempi. Se in una casa non c'era nulla da mangiare, quella famiglia poteva facilmente recarsi dai vicini e ricevere un pasto. Pur non avendo molto cibo, i vicini avrebbero comunque offerto qualche pugno di riso, dei peperoncini o un po' di sale, sufficienti per preparare del semplice *chutney* (salsa che accompagna una pietanza, N.d.T.).

Per quanto poveri, gli abitanti del villaggio condividevano sempre ciò che avevano. Al giorno d'oggi, se un vicino bussa da noi per chiedere un po' di cibo, potremmo arrivare a chiamare la polizia e capita spesso che non sappiamo neppure chi sono i nostri vicini. Oggigiorno proteggiamo la casa e nascondiamo gli oggetti di valore quando abbiamo ospiti. Qualcuno mi ha raccontato che, nel suo Paese, se un ospite bussa alla porta mentre si è a tavola, la maggior parte delle persone non aprirà e fingerà di non essere in casa per non dover condividere il pasto.

I valori dell'ospitalità, dell'onestà, della gentilezza e della condivisione stanno estinguendosi. Le cose sono cambiate oggigiorno, ma Amma cerca di ispirarci a reintegrare questi valori

universali nella vita, ed è per questo che sotto-
linea più volte la loro importanza.

Sforziamoci di vivere nel rispetto della verità
e della virtù. Chi basa la sua esistenza sull'altruismo, sulla fede e sulla carità gode di una
maggiore pace e contentezza rispetto a chi ha
un diverso stile di vita.

La madre di Amma (Damayanti Amma)
rappresenta il modello migliore, esemplificando
gli ideali di duro lavoro, giusto atteggiamento,
attenzione, servizio agli altri, e anche devozione
e consapevolezza in ogni sua azione. Attraverso
i valori trasmessi ai figli ha instillato in loro il
senso del dovere e l'integrità. Tutte queste incantevoli e potenti doti erano un tratto distintivo
della sua natura.

Damayanti Amma ha insegnato ai figli a
considerare l'ospite come Dio e a servire gli
altri come avrebbero servito il Divino. Questa
donna aveva grandissimo amore e attenzione
per chiunque, perfino per gli sconosciuti e, in
passato, questo comportamento era naturale per
gli abitanti dei villaggi.

Damayanti Amma non dimenticava mai di
tenere del cibo per ospiti inaspettati e nel suo

orto coltivava molte radici e verdure che necessitavano di poco tempo per cuocere, in modo da poterle servire assieme al *chutney* o ai peperoncini. Le piaceva coltivare soprattutto il *chembu* e la *chenna* (radici simili alle patate dolci), perché si raccoglievano facilmente, erano pronti in meno di dieci minuti e costituivano un pasto completo, in grado di soddisfare un ospite imprevisto.

I bambini non potevano cominciare a mangiare finché non si era certi che nessun altro avrebbe bussato alla porta, e poteva capitare che bevessero solo dell'acqua di riso con scaglie di cocco perché la madre aveva tenuto il riso per eventuali ospiti.

La madre di Amma non aveva ben compreso che proprio nella sua casa dimorava un'incarnazione divina, un'incarnazione alla quale lei talvolta faceva saltare il pasto per offrirlo agli ospiti. Ma Amma lo faceva volentieri: era contenta quando il cibo veniva donato ai poveri. Sin dall'infanzia Amma ha appreso dalla madre a servire prima gli altri.

Un giorno, mentre camminavo nel villaggio vicino ad Amritapuri (l'ashram di Amma in India), la *brahmacharini* (un'aspirante spirituale) che era con me mi disse che l'uomo della casa che stavamo oltrepassando era sempre molto gentile. Quando lo incontrava per strada e notava che stava portando dei pesi, lei si offriva spesso di aiutarlo.

Un giorno lui le confidò che, quand'era giovane, Amma lo aiutava proprio come stava facendo lei. Amma andava di casa in casa a raccogliere gli avanzi di cibo per le mucche della sua famiglia e quando si recava in queste abitazioni aiutava sempre le famiglie. Se vedeva che c'era bisogno, interveniva senza aspettare che glielo chiedessero.

L'uomo disse che Amma non parlava molto (probabilmente perché era occupata a recitare mentalmente il suo *mantra*) e viveva in un suo mondo, incomprensibile agli altri, sebbene avesse sempre un dolce sorriso sulle labbra.

Fuori dalla casa, la nonna di Amma teneva sempre un vaso di terracotta con del siero di latte per ogni viandante assetato. Questa bevanda non era solo per i familiari o per i vicini, ma per chiunque passasse di lì e avesse sete. Dopo qualche giorno, il vaso veniva riempito con dell'altro siero di latte. La nonna di Amma lo riempiva ogni due o tre giorni e anche sua madre seguiva questa tradizione, tramandata da generazioni. Questo è il modo in cui Amma è cresciuta: la madre l'ha sempre incoraggiata a dare, per quanto avesse poco. Non avevano mai molto, ma erano sempre felici di condividere.

Amma desidera che compiamo uno sforzo per scoprire e coltivare simili valori, sapendo che in questi tempi difficili aggrapparsi ai princìpi etici è l'unico modo per navigare tra le difficoltà della vita ed essere felici.

Mi piace molto ascoltare Amma quando racconta di come la gente avesse sull'uscio la scritta "Benvenuti". Oggigiorno cosa c'è sulla nostra porta? Il più delle volte una targhetta con scritto: "Attenti al cane: morde". Nelle strade non si vedono più neppure quei vasi di terracotta e, se ci fossero, probabilmente li ruberebbero.

Un giorno Amma ha detto: "Ai vecchi tempi la gente aveva paura di non condurre una vita *dharmica* (virtuosa) e il pensiero della punizione che l'aspettava per aver agito scorrettamente gli impediva di prendere una cattiva strada. Questo timore era utile perché aiutava a tenere sotto controllo la mente e a non commettere errori". Oggi questo genere di paura benefica è scomparsa e al suo posto vi è una paura dannosa, generata dalla mancanza di fede e di abbandono.

Anche se potrebbe sembrare che una libertà illimitata sia la chiave della felicità, le ricerche scientifiche dimostrano l'esatto contrario. Gli studi condotti hanno evidenziato che chi ha la libertà di fare qualsiasi scelta nella sua vita, senza nessun controllo, in particolare per quanto riguarda la sessualità e l'uso di droghe, finisce per essere meno felice di chi ha uno stile di vita più regolato.

Molte persone pensano che il sentirsi in colpa sia assolutamente negativo e dannoso, ma io credo che un pizzico di questa emozione ci aiuti a rimanere sulla strada giusta. La gente rivendica il proprio diritto alla libertà, ma nel nome della libertà fa ciò che più le aggrada, facendo spesso del male agli altri. Un briciolo di senso di colpa e di paura impedisce di agire scorrettamente. Provare un po' di timore per un potere che trascende il nostro sé limitato ci aiuta ad essere buoni gli uni con gli altri e con la Terra.

Amma vuole mostrare al mondo l'importanza dei buoni valori e come integrarli nella vita e nella nostra quotidianità, utilizzandoli come strumenti per servire. Noi tutti abbiamo la responsabilità di sostenere questi valori, così rari e preziosi.

Amma parla costantemente di questo nei suoi *satsang* (discorsi spirituali) ma non si limita a parlare di fare del bene: è un autentico esempio vivente di tutte le migliori virtù in azione. È impossibile misurare la profondità del suo altruismo e della sua compassione ed è sufficiente osservare come viva la sua vita per imparare tantissimo.

Una volta, mentre ero in India e stavo dirigendomi all'aeroporto per prendere un volo per l'Europa, mi accorsi che le scarpe cominciavano a farmi male. Indossai allora delle calze a compressione pensando che in tal modo avrei evitato il contatto delle vesciche con il bordo delle scarpe, ma quelle calze erano talmente aderenti che le vesciche sfregavano ancora di più contro le scarpe.

Mentre camminavamo nell'aeroporto, Amma disse: "Mi fanno male i piedi e questi sandali sono troppo larghi". Io risposi: "Anche a me fanno male, Amma!" Più tardi esclamò: "Ho male alle ginocchia". Proprio in quel momento, anche se erano anni che non soffrivo di dolori alle ginocchia, mentre spostavo un bagaglio, un ginocchio aveva cominciato a cedere. Risposi: "Anch'io! Amma, anche a me oggi le ginocchia hanno iniziato nuovamente a farmi male". Sembrava che stessi avendo un po' di tutti i dolori che accusava. Ogni volta che accennava a un disturbo, io esclamavo: "Sì, anch'io ce l'ho, Amma!"

Arrivati in Spagna, mi confessò che soffriva di un tremendo mal di testa, ma invece di andare a riposare mi disse: "Voglio servire il cibo a tutti quelli che sono qui". Quando più tardi mi coricai, il pensiero: "Che assurdità l'avere detto ad Amma di soffrire come lei!" mi fece piangere fino a quando mi addormentai.

Mi vergognavo così tanto di me stessa. Le piccole vesciche ai piedi o la lieve fitta al ginocchio non erano nulla se paragonate all'immensità del dolore di Amma. Non potremo mai capire fino in fondo la profondità del suo dolore, che sopporta per il bene del mondo e per aiutarci a esaurire il nostro karma.

Sono completamente incantata da Amma e a volte mi è difficile capire come abbia ricevuto la grazia di starle così vicina o di ascoltare le sue parole di saggezza. È emozionante vedere come si relazioni con le persone. Nessuno che faccia esperienza della sua fonte d'amore incondizionato e della sua saggezza profonda potrà mai scambiarla per un comune essere umano.

Amma sta offrendo la propria vita per trasmetterci un messaggio fondamentale che costantemente ripete: non lasciate che i valori spirituali svaniscano dalla faccia della Terra. I valori spirituali sono gioielli semplici ma preziosi, che ci accompagnano ovunque andiamo. Se perdiamo questa nostra inestimabile eredità, il dolore prenderà il loro posto. Affrontare la vita in modo positivo attrae la grazia nella nostra vita e ci porta verso quella felicità che costantemente cerchiamo.

I valori etici non invecchiano mai. Difatti, osservare il *dharma* (la giusta condotta) attira la Grazia divina in modo impensabile e sottile. Amma auspica che decideremo di cambiare adesso, prima che sia troppo tardi.

In ogni momento della sua vita Amma fa il possibile per essere un perfetto esempio per noi, ed è disposta a sopportare così tanto dolore e

sofferenza per insegnarci i buoni valori e indi-
carci la giusta direzione. Auguriamoci quindi
di vivere un giorno un'esistenza simile alla sua,
pensando prima agli altri e trascendendo i bisogni e i desideri personali.

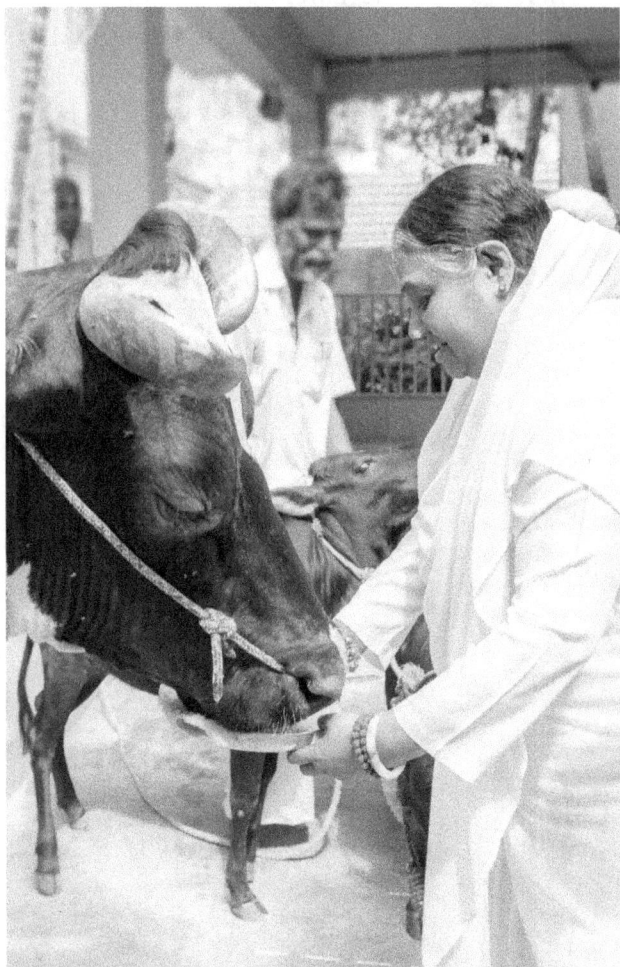

Capitolo 3

La più dolce delle creme

"Papà, Amma è fatta di cioccolato?"

— *Violet, tre anni*

Poter stare accanto a una grande anima spiritualmente elevata come Amma è un'occasione molto rara e preziosa. È straordinario vedere come si muove nel mondo, portando gioia ovunque vada.

Ci sono così tante persone che soffrono. Nel suo modo luminoso, Amma offre soluzioni pratiche e un rimedio al dolore dell'esistenza umana non ponendosi a una distanza di sicurezza, ma dissolvendo con coraggio tutti i nostri problemi nel suo morbido e compassionevole abbraccio.

Si dice che i grandi santi agiscano nel mondo mantenendo la loro consapevolezza in alto, nel cielo, ma abbiano i piedi ben piantati in terra. Amma si muove tra di noi, ma è come se fluttuasse in questo mondo, distaccata, come la più dolce delle creme che galleggia sul latte. Avendo compreso la vera natura del mondo, lei ama tutti.

Qualche anno fa, mentre ci dirigevamo verso il cancello d'imbarco dell'aeroporto di Chicago, un devoto si fece largo tra la gente per camminare a fianco di Amma. Sembrava un po' triste, così lei gli prese la mano. Dal lato opposto, un devoto le teneva l'altra mano. Quest'ultimo sussurrò ad Amma: "Amma, non lasciare mai la mia mano".

Amma non era imbarazzata a tenere le mani di entrambi mentre si faceva strada attraverso il terminal affollato. Lei è sempre la madre gentile e compassionevole che si prende cura di ogni suo figlio, anche se in questo caso questi due figli avevano più di quarant'anni. L'amore puro vede tutti e tutto come un tutt'uno.

Amma è capace di notare e sentire la sofferenza del mondo, ma invece di rattristarsi e voltare le spalle, si eleva e con abnegazione offre interamente la sua vita, con un cuore completamente aperto. Vederla realizzare appieno il suo potenziale ci ispira a sviluppare il nostro. Attraverso il suo esempio ci insegna che tendere la mano agli altri, anche offrendo un piccolissimo aiuto, è il gesto più grande che possiamo compiere.

Una devota mi confessò che per anni si era sentita ansiosa, depressa ed egoista, e tutti attorno a lei continuavano a dirle di cambiare. Era arrivata a non sopportare più nessuno, pur essendo d'accordo con le loro osservazioni, e le sarebbe davvero piaciuto cambiare, ma per quanto si sforzasse non ci riusciva. Successivamente incontrò Amma e finalmente riuscì a rilassarsi perché aveva trovato qualcuno che la amava così com'era, con tutti i suoi difetti. Sentirsi accettata la aiutò a migliorare gradualmente. Mi disse che quando giunse da Amma era distrutta e che con il suo amore Amma l'aveva riportata alla vita.

Amma offre a molti di noi un ponte d'amore per attraversare un fiume di dolore. Nel mondo odierno, così angosciato e inquieto, lei è la risposta a tutti i nostri problemi.

Amma ispira tutte le persone, ovunque si trovino, a cercare di vivere secondo nobili ideali e accoglie chiunque si rechi da lei nel suo modo straordinario: suggerendo al più povero pescatore del villaggio vicino come provvedere al prossimo pasto per la sua famiglia, e subito dopo valutando possibili soluzioni alla fame nel mondo assieme a una delle menti scientifiche più brillanti.

Una donna che vive a Los Angeles mi ha raccontato un'esperienza incredibile, profondamente toccante, avuta con Amma. Ogni volta che Amma va a Los Angeles, questa persona si reca al suo programma. Un anno vi aveva partecipato per due giorni consecutivi e si sentiva talmente appagata che decise di non presentarsi al programma finale. Pensava che in tal modo avrebbe offerto la possibilità di stare con Amma a qualcuno che non l'aveva mai incontrata.

Per tutta la giornata gli amici la chiamarono invitandola a unirsi a loro e andare da Amma quella sera, ma lei rifiutò. Però, verso le sei di sera cominciò ad avvertire l'urgente bisogno di vedere Amma. Questa sensazione continuava e così si affrettò a vestirsi per uscire, sapendo che la fila per il darshan sarebbe stata molto lunga.

Non volendo fermarsi lungo il tragitto, cercò nel frigorifero qualcosa da offrire ad Amma e vide una bella mela. Mentre sedeva in fila per il darshan, disse alla mela: "Stai andando da Amma. Sei un dono che voglio offrirle, a testimonianza del mio amore per lei".

Ruotando il frutto mentre pregava, si sentì quasi mancare nell'accorgersi che c'era una macchia scura alla sua estremità. Scoppiò a piangere mentre si diceva: "Non posso donare ad Amma una mela guasta". La donna era sconvolta. D'altro canto non aveva nient'altro da poter offrire e così, quando fu il suo turno, porse la mela ad Amma che, prendendola, la ruotò e diede un morso alla parte marcia. La donna era sconcertata.

Anche molti giorni dopo il darshan, questa devota era piena di gioia. Sentiva che con quel gesto Amma le stava dicendo: "Ti voglio bene anche se a volte pensi di non essere all'altezza. Sei amata incondizionatamente e io amo tutto di te... anche le piccole macchie che possono sembrare imperfezioni".

Questo non è forse ciò che tutti noi aneliamo sapere, ovvero che siamo completamente amati?

Con questa storia non voglio suggerire a nessuno di donare ad Amma qualcosa di guasto, ma raccontare quanto sia profondo l'amore che ha per noi. Il mondo ci inculca l'idea che dobbiamo apparire in un certo modo per essere accettati ed amati: perfetti, brillanti, belli, ricchi, magri e impeccabili, senza nulla di marcio. Potremmo non crederci, ma questi messaggi che costantemente ci bombardano lasciano un'impressione duratura in noi. Il piccolo ma significativo gesto di Amma è più espressivo di qualsiasi parola. Questa donna si sentì immensamente amata da Amma e in quel momento seppe con assoluta certezza che lei è l'incarnazione dell'amore puro e incondizionato.

Amma sta aspettando di poter condividere con noi un assaggio dell'amore divino. Non occorre attendere di diventare puri per avvicinarci a lei perché il suo amore assorbe ogni nostra negatività e ci purifica. Amma fa il possibile per farci andare oltre le false idee che ci siamo costruiti e che in tantissimi modi ci fanno sentire di essere tutt'altro che degni e riesce a rimetterci in contatto con la nostra vera natura, l'amore. In tutti i modi cerca di risvegliare le nostre buone qualità ancora assopite.

A volte le persone vogliono delle gemme perfette, ma il fatto è che tutte le pietre preziose hanno piccole imperfezioni. Madre Natura le ha create così; solo il vetro sintetico non ha difetti. Dobbiamo accettarci così come siamo e sforzarci di realizzare il nostro potenziale.

Amma viene a noi come una benedizione unica, in cui la saggezza della spiritualità si coniuga con la compassione in azione, e ci offre consigli pratici che ci aiutano ad affrontare i problemi della vita. In ogni sua azione, lei incarna la più alta verità del *Vedanta* (una delle principali scuole di pensiero dell'India) e vede l'unità della vita come un filo che scorre attraverso tutto e tutti; con dolcezza, cerca di aiutarci a trasformare il modo in cui vediamo le cose nella vita senza forzarci, ma offrendoci gentilmente un amore disinteressato che ci spinge a crescere interiormente.

C'è un bambino di lingua spagnola che vive nell'*ashram* e che viene in tour con noi. La sua dedizione al *seva* (servizio disinteressato) è incredibile, maggiore di quella di molti adulti. Adesso fa parte dell'équipe che si occupa dell'impianto audio, un'attività faticosa e a tempo pieno. Il bimbo aiuta a sistemare i vari strumenti sul palco, è presente nella cabina di regia e dà una mano a montare e smontare le apparecchiature.

Durante il tour europeo di qualche anno fa, mentre eravamo in Spagna (prima che svolgesse un *seva* a tempo pieno), decise di mettere a disposizione la sua conoscenza delle lingue e andò a ogni bancarella del programma chiedendo se avessero bisogno di un traduttore. Portò con sé una matita e un blocchetto di carta per organizzare la sua giornata.

Questo bambino era così adorabile che i volontari, pur parlando lo spagnolo, non riuscirono a rifiutare la sua proposta e ben presto il piccolo venne prenotato per numerose ore di *seva*, dalle dieci del mattino fino a mezzanotte senza nessuna pausa, un'ora in ciascuna bancarella. Quando gli chiesero se non volesse andare a mangiare rispose: "Hmmm, penso che i miei amici possano portarmi da mangiare!"

Alle undici di sera era di turno alla mia bancarella. Naturalmente, alla veneranda età di cinque anni e mezzo e dopo una lunga giornata di lavoro, non c'è bisogno di dire che trascorse quest'ora dormendo profondamente nel suo letto (mi dissero che aveva mancato anche il turno precedente perché il padre l'aveva costretto a mangiare). Il giorno dopo le ragazze che collaborano con me gli chiesero scherzosamente: "Dov'eri?" Con un'espressione davvero tenera, rispose con un tono di scuse: "Mi dispiace così tanto... Mi sono addormentato... Non era mia intenzione! Oggi ci sarò!"

Anche se non possediamo affinate capacità professionali per attuare progetti molto importanti, coltivare la sincerità, un cuore compassionevole e il desiderio di servire ci permetterà di attingere a un'energia più alta. Un sorriso, perfino il più piccolo pensiero positivo può aiutarci a connetterci con l'energia creativa di base del mondo, rendendoci capaci di realizzare grandi cose.

Una volta, durante la visita di un uomo d'affari in un freddo Paese europeo, un collega si offrì di andare a prenderlo in albergo ogni mattina e di recarsi assieme a lui sul luogo di lavoro. Faceva terribilmente freddo e fiocchi di neve turbinavano nell'aria pungente. Il primo giorno arrivarono presto in azienda, molto prima di chiunque altro; ciò nonostante il suo collega parcheggiò in fondo al grande parcheggio, lontano dall'ingresso.

La cosa si ripeté anche nei giorni successivi. All'inizio l'uomo d'affari non disse nulla e riuscì a mordersi la lingua anche il secondo e il terzo giorno; ma la quarta mattina non poté fare a meno di chiedere: "Dato che non ci sono altre auto nel parcheggio, perché posteggi sempre così lontano dall'entrata?" Il collega rispose: "Poiché arriviamo presto, abbiamo tempo per camminare, ma chi arriva tardi desidererà sicuramente parcheggiare vicino all'ingresso".

A questa risposta, l'uomo d'affari restò allibito: non avrebbe mai immaginato che fosse possibile avere così tanta considerazione per gli altri. Quando il nostro cuore e la nostra mente restano aperti, possiamo imparare da ogni persona che incontriamo e in ogni circostanza.

Ricordo che una sera di fine maggio, all'inizio del tour degli Stati Uniti, vidi una ragazzina accompagnata dalla madre che stava per andare a dormire. Mentre mi passava accanto, la fanciulla mi salutò con la mano ed esclamò: "Buon anno!" Al momento mi sembrò una frase divertente e tenera, ma più tardi mi accorsi di quanto fosse in effetti profonda. Anche noi dovremmo iniziare a pensare così. Ogni giorno è un meraviglioso inizio per noi, pieno di opportunità di agire in modo fruttuoso o di lavorare su noi stessi per cambiare. Non è mai troppo tardi.

Da più di quarant'anni Amma abbraccia le persone, appoggiando il loro viso sulla sua guancia per alleviare il loro dolore. Qualcuno potrebbe credere che Miss Universo sia la persona più affascinante del mondo, colei che ha la pelle più bella, più luminosa e più perfetta... ma io credo che la pelle di Amma sia decisamente più bella proprio per i segni che porta, che testimoniano come prodighi il suo amore.

La vita di Amma è colma di bellezza perché lei si sta consumando per il bene del mondo. La speranza è di poter anche noi un giorno diventare così amorevoli, sviluppando la capacità di offrire qualcosa di buono al mondo attraverso i nostri pensieri e le nostre azioni.

Capitolo 4

Onde di compassione

*"Potrei scrivere cento poesie sui Suoi occhi
e cento altre sul Suo sorriso, ma tutto
questo non potrà mai eguagliare l'ombra
dello splendore della Sua bellezza".*

— *Brett Harbach*

La vita di Amma è un dono del Divino, un'offerta alla scintilla di quello stesso spirito sfolgorante che dimora in ogni anima. È davvero straordinario vedere quante vite siano state trasformate e come da un'esistenza d'inimmaginabile dolore abbiano trovato la pace grazie alla sola forza dell'amore puro.

Un esempio estremamente toccante è rappresentato dalla testimonianza di alcuni bambini che vivono nell'orfanotrofio di Amma. Le loro storie mostrano con chiarezza la profondità della compassione e della grazia di Amma.

Eccone una:

"Ho sposato mio marito poco tempo fa. Prima di venire a vivere con Amma, le nostre vite erano state una lunga serie di tragici eventi, due storie imbevute di lacrime.

Vengo da un piccolo e grazioso villaggio, benedetto da un fiume e circondato da colline e piantagioni di caucciù. La nostra casa non era altro che una capanna con il tetto di paglia e tutti noi sei - i miei genitori, io, la mia sorellina e i nonni – vivevamo lì. Mio padre era un lavoratore giornaliero e incideva gli alberi della gomma.

Vivevamo di stenti. Mio padre era alcolizzato e picchiava mia madre; raramente l'ho vista senza gli occhi pieni di lacrime. Mio padre sperperava tutto il denaro che guadagnava per comprare da bere e altre cose inutili. Mia madre doveva lottare con le unghie e con i denti per poter provvedere alle nostre necessità quotidiane, e le percosse che riceveva per questo erano inimmaginabili.

In tutti quegli anni penso che non abbiamo mai avuto un momento felice e spesso mi chiedevo perché fossimo nati.

A scuola andavo piuttosto bene e così riuscii in qualche modo a finire la terza media. Fu in quel periodo che mio padre cominciò a soffrire di gravi disturbi mentali: credeva di essere perseguitato da fantasmi. Divenne schiavo della droga e a quel punto la nostra famiglia andò verso la distruzione.

Ogni giorno mio padre affilava un coltello da macellaio e lo teneva pronto per uccidere mia madre. Non abbiamo dormito nemmeno una notte senza avere paura. Mia sorella ed io tremavamo terrorizzate appena vedevamo l'ombra di nostro padre. Ogni giorno pregavamo: 'Fa'che non cali la notte' e poi la sera ci stringevamo a nostra madre.

Vivevamo letteralmente all'ombra della morte.

Un giorno di dicembre, mentre stavo sostenendo gli esami scritti, mi dissero di andare dall'insegnante non appena avessi finito. Quando mi presentai da lei, mi disse: 'Figlia, devi andare a casa. Tua madre ha avuto un incidente. Non ti preoccupare, non è grave. Stava tagliando la legna per il fuoco e ha sbattuto il piede contro l'ascia. È meglio che tu vada subito a casa'.

Non so perché, ma non dubitai delle sue parole.

Da lontano notai una folla radunarsi davanti alla mia casa. Vedendomi arrivare, alcuni vicini mi vennero incontro, mi strinsero forte e mi portarono a casa di un parente. Sentivo che era successo qualcosa di grave. Quando chiesi di mia madre, mi dissero che era in ospedale e che mio padre era con lei. Nel frattempo vedevo veicoli andare e venire dalla mia casa. Ogni volta che arrivava una macchina guardavo se per caso ci fosse mia madre. Alla fine arrivò una camionetta della polizia e uno o due poliziotti entrarono nella casa. Qualche istante dopo li vidi uscire con un asciugamano in cui c'era un coltello, lo stesso che mio padre affilava ogni giorno. Capii allora cos'era successo. Mio padre fu arrestato e condotto alla stazione di polizia.

Il corpo senza vita di mia madre venne portato a casa durante la notte, coperto con un lenzuolo. Scostai il lenzuolo e vidi il viso di mia madre pieno di suture, totalmente irriconoscibile. Non so cosa successe dopo. Quando ripresi conoscenza, alcune persone erano sedute intorno a me e cercavano di farmi prendere aria sventagliandomi.

Ricordo di essere stata svegliata dal pianto di mia sorella. Mi sentii svuotata da ogni emozione e la mia mente diventò immobile come una roccia. Divenni insensibile a ogni cosa. I miei occhi erano pieni di lacrime? Non lo so. Una parte di me era felice che mia madre fosse fuggita dall'inferno della nostra vita famigliare.

Dopo questo fatto, mia sorella e io non ritornammo più a casa e rimanemmo con nostro zio. Le vite di tutti i nostri parenti erano più o meno come la nostra: ubriacature, percosse e morsi della fame.

Alla fine decisero di mandarci in un orfanotrofio. Per me questa fu la goccia che fece traboccare il vaso e scoppiai in singhiozzi. Nessuno disse una parola.

Il giorno seguente arrivammo ad Amritapuri.

Ho letto da qualche parte che se Dio ci infligge un grande dolore oggi, lo fa per prepararci alla felicità di domani. La mia vita è la prova che è proprio così. Allora non sapevo che dalle mani di un mendicante sarei finita nel grembo dell'Imperatrice dell'amore e della compassione.

Quando arrivai, Amma stava dando il darshan. La guardai con stupore e meraviglia. Non so perché, ma non riuscivo a distogliere lo sguardo dal suo viso. Come nubi scure disperse da un vento freddo, le tenebre nel mio cuore svanirono.

Amma sapeva tutto di noi e le avevano mostrato l'articolo di giornale che narrava l'omicidio di nostra madre. Per tutto il tempo in cui ascoltò la nostra storia, Amma guardò me e mia sorella.

Alla fine annuì con la testa: sembrava che ci avesse accettate.

Amma disse che ci avrebbe accolte nell'orfanotrofio e iscritte alla scuola di Parippally e che voleva che ci impegnassimo nello studio. Poi ci abbracciò entrambe, stringendoci forte e riempiendoci di baci. Non avevamo mai provato così tanto amore prima di allora, nemmeno dalla nostra madre naturale. La beatitudine e la pace che provammo era al di là delle parole.

Amma disse: 'Figlie, non siate tristi. Amma è qui per voi. Amma vi aiuterà a proseguire i vostri studi per tutto il tempo che vorrete'. Inspiegabilmente, quando Amma pronunciò queste frasi, il pensiero 'Questa è la tua vera Madre' apparve nella mia mente e si radicò in me. Da quel momento in poi, tutte le mie esperienze hanno rafforzato questa convinzione.

Frequentammo la scuola di Parippally. Anche se la vita in una casa di accoglienza era un'esperienza nuova per noi, sembrava davvero di essere in una grande famiglia felice in cui vivevano e studiavano tantissimi bambini, diversissimi tra loro. Alcuni appartenevano a gruppi tribali e parecchi provenivano da situazioni perfino peggiori della nostra.

Essendoci così tanto affetto tra noi, come in una vera famiglia, nessuno si sentiva un estraneo. I giorni passavano velocemente e felicemente giocando, ridendo e studiando.

Mentre si svolgeva il processo contro nostro padre, dovemmo andare in tribunale a testimoniare. Quando lo vidi, riaffiorarono ricordi assopiti di mia madre. In preda al disgusto e al dolore, non riuscii nemmeno a guardarlo in faccia.

Quando ci recammo all'ashram, raccontai ad Amma questo fatto. Stringendomi forte a sé, disse: 'Figlia mia, di cosa ti preoccupi ora? Non hai Amma adesso?' Quanto amore e affetto materno! Come posso spiegarlo a parole? Ancora una volta tutti quei ricordi ossessionanti mi abbandonarono.

Mentre frequentavamo la scuola di Parippally assistemmo per la prima volta a un programma culturale. Amma ci aveva chiesto di studiare forme tradizionali d'arte, incluso il Koodiyattam, una tradizionale forma di teatro in sanscrito, tipica del Kerala. La nostra interpretazione ci valse molti premi in competizioni locali e nazionali. Ero anche brava negli studi e avevo i voti più alti di tutti gli altri. Quando ricevetti il premio, lo mostrai ad Amma. Lei era felice ed elettrizzata e parlava di me a tutti quelli che la circondavano. La grazia di Amma fluiva verso di me.

In passato non ero sicura di poter terminare neppure il secondo anno delle superiori, ma ora riuscii a finirle tutte e a prendere la maturità. A quel punto Amma mi chiese di iscrivermi al BBM (Laurea triennale in Business e Management) presso l'Università Amrita.

Dopo la laurea, mi consigliò di lavorare per qualche anno prima di conseguire la laurea specialistica e poi mi offrì un impiego presso l'Università Amrita. Mi disse che, in questo modo, avrei maturato quell'esperienza che mi sarebbe stata utile una volta conseguita la laurea specialistica.

Durante le celebrazioni in occasione del suo 60esimo compleanno, Amma ha adottato 101 villaggi in tutta l'India in cui avviare progetti di sviluppo sostenibile. All'interno di questo programma, sono state lanciate nuove iniziative e io mi occupo di una di esse.

Stavo lavorando da due mesi quando una donna che risiede ad Amritapuri venne da me e mi chiese se volessi sposare suo figlio. Io risposi: 'Se Amma è d'accordo, sono d'accordo anch'io'. Poi andai da Amma e le riferii questa proposta. Lei disse: 'Incontratevi e parlate tra voi. Se entrambi siete d'accordo, celebrerò il vostro matrimonio'. Ero molto felice perché anche quella famiglia viveva sotto la protezione di Amma.

Il passato di mio marito era pieno di dolore, proprio come il mio, e questo creò immediatamente un legame di compassione tra noi, unendo i nostri cuori.

Di una cosa sono assolutamente certa: grazie alle cure e all'amore di Amma, la famiglia che creeremo insieme sarà molto più felice di quelle in cui siamo cresciuti".

L'amore di Amma ha trasformato tantissime vite. Vedendo quanto si sacrifichi ogni giorno per servire gli altri, siamo spinti a impegnarci maggiormente. Amma è un autentico esempio vivente di amore incondizionato.

Sono innumerevoli coloro che amano molto profondamente la forma esteriore di Amma, ma per amarla completamente dobbiamo cercare di diventare interiormente come lei. Cominciamo a sforzarci in questo senso e, sorriso dopo sorriso, facciamo il possibile per rispecchiare anche il più piccolo dei suoi ideali e dei suoi insegnamenti. Ogni buona intenzione, anche minima, ci aiuterà e potremo sicuramente creare qualcosa di bello da offrire al mondo.

Se le persone permettessero anche a un briciolo dell'amore di Amma di splendere attraverso di loro, nascerebbero milioni di immagini di Amma e il mondo sarebbe davvero benedetto.

Amma fa tantissimo per noi, ma non può forzarci a diventare altruisti e compassionevoli e vivere una vita servendo gli altri. Questa è una scelta interamente nostra. Lei ci offre tutto quello che può: dipende da noi scegliere cosa vogliamo farne.

Capitolo 5

Un mondo di gentilezza è stato realizzato

"Benedetti coloro che sanno dare senza serbarne il ricordo e prendere senza dimenticare".

— *Anonimo*

Ogni giorno Amma siede per ore condividendo le risate e le lacrime delle persone, la loro gioia e la loro tristezza, diventando una sola cosa con loro. Amma è l'esempio perfetto di empatia.

Quando le persone si accorgono che Amma capisce i loro sentimenti e le loro emozioni, instaurano con lei un legame che permette al potere curativo del suo amore di fluire.

Amma trova infiniti modi per riportarci dolcemente sulla via della virtù, nonostante debba ripetutamente allontanarci dalla negatività da cui siamo spesso attratti. "Figli, basta distruggere! Non è questa la vostra strada; la vostra via è quella dell'amore, della compassione, dell'empatia, del sentire il dolore e la felicità degli altri come se fossero vostri", ci dice.

Amma ripete sovente che, invece di discutere sull'esistenza di Dio o meno, dovremmo ricordare che nel mondo c'è molta gente che soffre ed è nostra responsabilità offrire aiuto.

Sforziamoci di sentirci felici nel vedere gli altri felici e non provare gelosia o collera quando qualcuno ottiene più cose di noi. Quando vediamo una persona sofferente, invece di esserne intimamente contenti (e molti di noi spesso lo sono), lasciamo che il nostro cuore si sciolga alla compassione e facciamo del nostro meglio per assisterla e consolarla.

Un atteggiamento di accettazione apre il cuore e lo riempie di pace e di amore. Se provassimo sinceramente a emulare il comportamento di Amma, scopriremmo che l'essenza della sua bontà, dalla quale siamo così attratti, dimora in ognuno di noi. Se cerchiamo Amma solo all'esterno, potremo ammirare rapiti la forma esteriore, ma non godremo mai di una felicità e di una pace durevoli.

Un devoto, che conosce Amma da molto tempo, da giovane ha assunto molte sostanze psichedeliche che gli hanno causato danni al cervello. Questo uomo ha vissuto a lungo per strada, ma da venticinque anni viene puntualmente al programma di Amma per incontrarla.

Ha una devozione immensa per lei, anche se dimentica di fare la doccia, di lavarsi i denti o di mettere dei vestiti puliti prima di incontrarla. Ogni anno glielo ricordiamo e ogni anno risponde: "È così difficile trovare del sapone, dello shampoo o del dentifricio!"

A volte può essere polemico, ma è difficile restare a lungo in collera con lui vedendo quanto ami sinceramente Amma.

Una volta venne da me e mi chiese: "Puoi perdonarmi per quello che ho detto l'anno scorso?"

Questa è stata la prima volta che ricordo di avere ricevuto delle sue scuse, ma non riuscivo a rammentare i problemi che aveva causato l'anno prima o cosa avesse detto. Gli risposi: "Certamente, non ricordo nemmeno... Non importa".

Qualche ora dopo andò al darshan e due giorni più tardi, durante il programma finale nella sua città, disse che si stava recando di nuovo al darshan".

"Hai fatto la doccia?", gli chiesi.

"Ah, già", rispose lui, "me n'ero completamente dimenticato... Dovrei fare la doccia prima di abbracciare Amma".

Gli ricordai le istruzioni che aveva ricevuto: "Amma te l'ha ripetuto molte volte. Ti ha detto chiaramente che quando vai da lei devi esserti lavato, avere pulito i denti e bisogna che indossi vestiti puliti".

"Sì, è vero", rispose, "me n'ero completamente dimenticato". Dopo una lunga pausa, borbottò tristemente: "Beh, allora penso che non dovrei andare", ma aggiunse che sperava di trovare un asciugamano e del sapone per fare una doccia.

Mi offrii di recuperare questi oggetti per lui, in modo che potesse recarsi al darshan. "Torna tra dieci minuti", esclamai, "e vedrò di darti qualcosa".

Salii nella mia stanza e, frugando fra le mie cose, mi accorsi che non mi occorreva tutto quello che avevo. Trovai una borsa, nella quale misi un sapone e lo shampoo, e anche un gel per alleviare i dolori che mi aveva dato il medico. Avevo della frutta secca che mi avevano regalato e una tavoletta di cioccolato, e poi vidi i nuovi calzini ricevuti. Sapevo che per lui sarebbero stati perfetti. Trovai un paio di paraorecchie mai usati, afferrai anche qualche pacchetto di spaghettini dalla cucina... poi andai nella stanza riservata al personale e ne presi degli altri.

Sembrava di essere a Natale!

Sbirciai nella stanza degli *swami* per vedere cos'altro aggiungere, delle noccioline o qualcos'altro. Misi in una graziosa borsettina fatta a maglia gli oggetti per la toilette, il cibo e le altre cosucce che avevo trovato.

Quando scesi nella sala mi accorsi di avere dimenticato lo spazzolino da denti. Un devoto mi chiese cosa stessi facendo e quando glielo dissi mi offrì uno spazzolino e un tubetto di dentifricio. Mettemmo tutto nella mia borsa per il computer preferita (alla quale ero molto legata), ma sapevo che quell'uomo ne aveva molto più bisogno di me.

Ci guardammo intorno per un paio d'ore, ma non lo riuscimmo a trovare. Alla fine, quasi al termine della serata, ricomparse e contenta gli porsi la borsa con i regalini. Era estremamente grato, e anch'io lo ero. Disse che tutte quelle cose gli avrebbero ricordato di noi.

Più tardi iniziai a pensare con tristezza a tutti quegli anni in cui aveva vissuto come una persona senza fissa dimora; a quel tempo non mi era mai venuto in mente di offrirgli ciò che avevo in più.

Ci consideriamo delle 'persone spirituali', ma ci muoviamo all'interno della nostra piccola bolla egoistica, preoccupati soltanto delle nostre necessità e di ciò che potremmo ottenere. Nel mondo, quanti si trovano a vivere con molto meno del necessario mentre noi abbiamo tante cose superflue?

Quella notte piansi fino ad addormentarmi, pensando con rammarico: "Perché non mi era mai venuto in mente di dargli altro?" In effetti, in passato gli avevo regalato del sapone e altri articoli per la pulizia personale, ma solo ora, quando sembrava molto più umile e meno polemico, avevo realizzato che avrei dovuto condividere di più con lui perché lui è veramente mio fratello.

Viviamo curandoci raramente degli altri e dei loro bisogni. Siamo concentrati solo sulle nostre necessità, anche se in fin dei conti non sono così tante. Amma sta cercando di insegnarci a fluire come lei, pensando sempre agli altri.

Persino quando il suo corpo sta per crollare, continua ad asciugare le lacrime delle persone e a dissolvere il loro dolore, offrendo ogni briciola della sua energia vitale per confortare tutti quelli che vanno da lei.

Quanto tempo occorrerà prima che anche noi cominceremo ad avere la stessa sensibilità? Quando ci accingeremo onestamente a diventare degli esseri umani autentici, nel senso più alto del termine? Quando smetteremo di vivere egoisticamente, avendo pensieri, sentimenti ed emozioni incentrati solo su noi stessi e sul nostro piccolo mondo, senza curarci davvero delle persone?

Amma è un bellissimo esempio per il mondo e non si aspetta che noi seguiamo completamente le sue orme - sarebbe impossibile farlo - ma almeno possiamo cominciare a fare il primo passo…

Nel mondo, sono tantissime le persone, gli eroi sconosciuti che hanno compreso questa verità e sono impegnati nella solidarietà, compiendo anche solo piccoli gesti. Questi loro atti spontanei di gentilezza hanno in sé il potenziale per fare una reale differenza nella vita della gente.

Il mondo è pieno di possibilità. Come per tutto nella vita, possiamo scegliere la direzione in cui andare. Quando entriamo in un supermercato possiamo scegliere cibi malsani, grassi o salati a cui è stato aggiunto ogni tipo di dolcificante, oppure scegliere alimenti freschi e sani che donino forza al corpo e alla mente. Sta a noi scegliere.

Internet è un altro esempio delle infinite opzioni che abbiamo a disposizione: quando le persone vanno online, possono decidere se visitare tantissimi siti dannosi su cui guardare, ad esempio, scene pornografiche, scoprire come fabbricare droghe o perfino come costruire una bomba, oppure decidere di agire positivamente, leggendo ad esempio incantevoli pagine web che donano speranza e ispirazione.

Ecco alcuni begli esempi, storie vere pubblicate online per rincuorarci:

"Era il mio primo giorno di scuola dopo essere stato dimesso dall'ospedale in cui mi avevano sottoposto a un ciclo di chemioterapia. Avevo perso tutti i capelli ed ero imbarazzato. Quando entrai in classe tutti erano senza capelli - i bambini più popolari, persone sconosciute, gli amici, gli insegnanti. Tutti".

"Oggi ho incontrato una ragazza di diciassette anni che vive per strada. Mi ha detto che aveva fame e così le ho offerto il pranzo. Vederla cercare di raccogliere i dieci centesimi che aveva visto su una scala mobile mi ha riempito gli occhi di lacrime. Mentre ci stavamo allontanando, ha notato un giovane clochard infreddolito e d'impulso gli ha dato metà del suo cibo".

"Insegno in una scuola superiore. Un inverno, nel corso di un'esercitazione antincendio, ho notato uno studente disabile che piangeva spaventato e si rifiutava di uscire perché la temperatura esterna era sottozero. Senza dire una parola, una sua compagna si è tolta il cappotto caldo e l'ha avvolto intorno al ragazzo, confortandolo e aiutandolo a uscire".

"La mia ragazza ed io eravamo in un ristorante drive-in quando abbiamo visto un senzatetto chiedere del cibo. Appena abbiamo ricevuto il nostro pasto, la mia ragazza mi ha chiesto di accostare e l'ha dato a quell'uomo. Quando le ho chiesto perché l'avesse fatto, mi ha semplicemente risposto: 'Io posso andare a casa e mangiare un panino, lui no'".

"Qualche tempo fa mia figlia, che è sovrappeso, smise per parecchie settimane di fare la sua corsetta quotidiana. Quando le chiesi perché ultimamente non volesse più perdere peso, mi rispose: 'A volte io non vengo per prima'. Più tardi scoprii che stava consolando un'amica che era stata violentata e che si fidava solo di lei".

"Oggi, mentre ero nel parco del mio quartiere, ho visto una bambina che avrà avuto cinque anni. Il suo viso era terribilmente ustionato. Nessun bambino le si avvicinava. Ma a un tratto un bambino è andato da lei, l'ha presa per mano e le ha detto: 'Sei davvero molto carina. Vuoi salire sull'altalena?' La bimba ha sorriso e sono andati insieme sull'altalena".

"Mia sorella di quindici anni è uscita di nascosto e ha rubato l'auto di mia madre. Ha accettato il severo castigo di mia madre, ma non ha voluto dire a nessuno dove fosse andata. Oggi la mamma di un'amica di mia sorella ha chiamato piangendo, ringraziando mia sorella per aver impedito a sua figlia di suicidarsi".

"Mio padre è morto in un incidente d'auto. Mi sentivo molto solo e triste quando la mia cuginetta di quattro anni si è avvicinata a me e mi ha abbracciato. Tenendomi sempre stretto, mi ha sussurrato nell'orecchio: 'Ti stringerò per sempre'".

È un obiettivo nobile cercare di diventare meno egoisti e dare importanza alla compassione e ad altre buone qualità invece di rafforzare l'avidità e l'egocentrismo radicati in noi. Sapendo che questa è la cosa giusta da fare... perché non la facciamo? Quanto sarebbe meraviglioso e appagante vivere seguendo sinceramente questi valori!

Abbiamo l'opportunità di vivere nel modo in cui vive Amma, di essere i suoi occhi, le sue orecchie e le sue mani nel mondo. Come lei ci ricorda costantemente, se impareremo ad amarci e a servirci a vicenda, trasformeremo questo mondo in un paradiso.

Capitolo 6

Ama il tuo prossimo come te stesso

*"Solo chi dona puro amore al suo prossimo
ama il Creatore in modo perfetto".*

— *Beda il Venerabile*

Amma esprime l'amore non solo per la sua
famiglia, per i suoi vicini e i suoi devoti, ma
per tutte le persone, ovunque si trovino. Amma
vede il suo "Sé" (il Sé divino) in noi e ama tutti
proprio come ama se stessa. Per lei non esiste
nessuna separazione.

Quando dimenticate voi stessi e offrite tutto al mondo, il mondo si prenderà cura di voi.
Quando Amma esce ogni giorno per dare il
darshan, dimentica se stessa e l'energia divina si
prende completamente cura di lei. In tal modo

può confortare tutti e al contempo ricevere protezione.

Amma dice che "Se non portiamo la compassione nelle nostre azioni, anche la parola amore rimarrà solo una parola; se il nostro cuore non si scioglie di compassione per gli altri, non potremo mai sperimentare la vera natura dell'amore". Invece di pensare solo a noi stessi, cerchiamo di mettere in pratica questo insegnamento nella nostra vita quotidiana. Amma ci ricopre costantemente di attenzione, d'amore e di compassione, mentre attende pazientemente che ci risvegliamo.

Questo è proprio quello che sta cercando di fare una devota di Amma che vive in Gran Bretagna e che ha aperto una sala da tè chiamata "La casa di Amma" nei pressi di casa sua. La donna è stata testimone di molti casi in cui la grazia di Amma fluisce quando seguiamo i suoi insegnamenti e accogliamo tutti amorevolmente, in particolare quando ci troviamo dinanzi a imprevisti o a situazioni complesse.

Ecco due di queste vicende particolarmente ispiranti.

"Abbiamo chiamato la nostra casa 'Casa di Amma' per onorare la grazia di Amma e per portare un po' della sua presenza nella nostra cittadina. Anche se nessuno sa chi sia, il nome di Amma compare sulla nostra porta per benedire tutti.

La mia sala da tè è molto piccola, può accogliere al massimo una quindicina di persone e non c'è molto spazio tra un tavolo e l'altro. Le proporzioni dell'ingresso e delle porte non sono molto generose, ma non si possono modificare.

Così, attenendomi alle norme sulla salute e sulla sicurezza e sapendo la difficoltà e il disturbo che avrebbero creato l'accogliere nel locale sedie a rotelle o grandi passeggini, pensai di porre un avviso in cui si informavano i clienti che era limitato l'accesso per sedie a rotelle e passeggini.

Sapevo che questo avrebbe potuto ridurre l'affluenza dei clienti, ma desideravo creare un luogo meraviglioso e tranquillo per i nostri ospiti…

Scrissi il messaggio, ma prima di riuscire ad esporlo, la porta della sala venne spalancata da una donna molto decisa che entrò spingendo una sedia a rotelle piuttosto voluminosa, sulla quale era seduta una signora anziana.

Non ebbi il tempo d'informarla gentilmente sulle nostre nuove norme perché cominciò immediatamente a chiedere alle persone di alzarsi e di spostare le loro sedie. Aveva adocchiato la zona particolarmente apprezzata dalle persone, situata vicino a una finestra a golfo, e voleva sedersi lì. In mezzo al rumore delle sedie spostate, mi premurai di ringraziare tutti i clienti per la loro gentilezza e decisi di affiggere l'avviso il prima possibile.

Quando questa donna e la persona sulla sedia a rotelle uscirono dal locale, andai nel mio ufficio sul retro per prendere l'avviso, ma appena tornai nella sala vidi due giovani donne sedute vicino alla finestra a golfo. Ognuna sedeva a un tavolo e tra i due tavoli c'era un passeggino estremamente largo. Non avevo idea di come avessero fatto a far passare quel passeggino gigante tra gli ospiti, ma ci erano riuscite… e ora occupavano ben due tavoli, su cui avrebbero potuto accomodarsi cinque persone. Non mi rimaneva altro che sorridere e servirle.

Quando le due donne con il passeggino uscirono, nel negozio tornò nuovamente la pace. Ne approfittai per riprendere il mio avviso, ma ritornai velocemente nella sala all'udire improvvisamente forti rumori.

Davanti alla porta aperta, c'era un'euforica famiglia di sei persone il cui sorriso radioso andava da un orecchio all'altro. In quel momento nel locale c'era solo una coppia che stava gustando con calma una tazza di tè in un'atmosfera fino a quel momento tranquilla, e che ora era sorpresa quanto me.

I membri della famiglia entrarono tutti assieme: alcuni cominciarono ad avvicinare dei tavoli, altri si lanciarono avanti per scegliere le sedie e altri ancora si diressero decisi alla vetrina delle torte con grida entusiaste.

Mi spiegarono che la figlia adolescente aveva una paralisi cerebrale e che quindi occorrevano più tavoli per tenere gli oggetti di porcellana lontani dai suoi movimenti improvvisi. Guardai questi genitori mentre infilavano un tovagliolo sotto il mento della figlia che aspettava impaziente la torta al cioccolato. La ragazza lanciava urla festose e tutto il suo corpo fremeva di eccitazione. Era l'immagine di una gioia pura e incantevole. Sorrisi, buttai il mio avviso nel cestino e decisi di lasciar perdere questa faccenda.

Prima di andarsene, mi ringraziarono per aver reso così piacevole questa loro uscita e per avergli permesso di trascorrere del tempo tutti assieme davanti a una tazza di tè e mi dissero che avrebbero vivamente consigliato agli ospiti della casa di cura di venire nel mio locale.

Tolsi gli avanzi di torta dalla tovaglia, asciugai il tè che era stato rovesciato, riportai le sedie e i tavoli al loro posto, misi le tovaglie in ammollo nell'acqua e poi cominciai a ridere forte. Evidentemente la mia idea di come dovesse essere una sala da tè non era quella di Amma. Era chiaro che lei voleva che tutti potessero venire, senza eccezioni!

E così è".

Ecco la seconda storia:

"Era stato un sabato molto intenso e il locale era gremito di clienti. Per tutto il giorno avevamo lavorato senza mai fermarci e all'ora di chiusura ci sentivamo molto stanche. Sin dal mattino sentivo che stava per venirmi il mal di testa e non mi sentivo bene.

Finalmente non c'era più nessun cliente nella sala e così cominciammo a pulire la cucina e spegnere le varie apparecchiature. La cameriera mi chiamò dicendomi che si era dimenticata di girare l'insegna su 'chiuso' e di chiudere a chiave la porta, e mi chiese se potessi farlo io. Tornai nella sala.

Con mia grande sorpresa vidi un signore anziano all'entrata, che indossava un vecchio cappotto e si appoggiava interamente sul suo bastone. Mi chiese se fossimo chiusi e se potesse avere una tazza di tè perché era un po' stanco. Stava per diventare buio e cominciava a piovere e, anche se non vedevo l'ora di buttarmi sul divano, lo invitai ad entrare al caldo e lo aiutai a sedersi a un tavolo. Riapparecchiammo il tavolo e io preparai il suo vassoio con il tè. Era evidente che desiderava stare tranquillamente seduto senza conversare. Vedendo che sorseggiava la sua bevanda molto lentamente, dissi alla cameriera di andare a casa e che mi sarei presa cura io dell'uomo.

Cominciai a riordinare le posate e a riassortire i tovaglioli. Dopo un po', lui mi chiamò al tavolo: voleva il conto e anche sapere le varietà di tè che servivamo.

Non mi sentivo affatto bene, ma nella Casa di Amma c'è un dovere, una responsabilità da assolvere, anche se si tratta di un segreto tra me e lei: essere pronti, quando occorre, a compiere con amore uno sforzo in più.

Il vecchio uomo ed io parlammo per un po'. Gli descrissi le caratteristiche dei diversi tè e andai in cucina per prenderne alcuni in modo che potesse percepire la fragranza delle foglie. Alla fine il gentiluomo finì il suo tè e afferrò il bastone come se stesse per andarsene.

Stavo per aiutarlo ad attraversare la sala quando, con mia grande sorpresa, mi disse che voleva acquistare alcune lattine dei miei tè più costosi e rari. Non mi sarei mai aspettata che avrebbe chiesto nulla oltre a una teiera di tè.

Qualche lattina di tè potrebbe sembrare poca cosa per la maggior parte delle persone, ma se qualcuno compra articoli esposti nella sala oltre a pagare il suo tè o caffè aumenta la modesta entrata del negozio ed è quindi una grande benedizione.

Fu davvero un immenso regalo l'acquisto di diverse confezioni di tè da parte di quel gentiluomo. Io avevo offerto disinteressatamente il mio tempo e la mia sollecitudine senza aspettarmi nulla in cambio, ciò nonostante avvenne qualcosa di meraviglioso.

La bellezza della grazia riempie i miei occhi di silenziose lacrime d'infinita meraviglia e gratitudine".

Le persone sono sempre alla ricerca del segreto del successo nella vita. La ricetta per avere successo è universale e molto semplice: fare la cosa giusta al momento giusto, anche se in quel momento si preferirebbe fare altro. Questa formula è valida per avere successo sia nella vita secolare che in quella spirituale.

C'è un ragazzo a cui piace attirare il più possibile l'attenzione di Amma. Ogni volta che lei gli passa vicino, le chiede di poter raggiungere *moksha* (illuminazione o liberazione), come se questa esperienza fosse una deliziosa pizza da poter ordinare al ristorante. Immancabilmente, ogni giorno "ordina *moksha*".

Un giorno Amma gli chiese se avesse una ragazza. Lui rispose che ne aveva avuta una in passato. Amma ribatté che per avere *moksha* non gli sarebbe bastata una sola ragazza, doveva averne due!

Tutti risero. Più tardi mi resi conto che i commenti di Amma erano in effetti molto profondi. Con una sola ragazza, avrebbe avuto ancora del tempo per pensare a se stesso; con due, invece, sarebbe stato così occupato a compiacerle al punto di dimenticare se stesso.

Questa era solo una battuta scherzosa di Amma (quindi, non mettetevi a cercare due ragazze!) che aveva però un fondo di verità. Dimenticarci di noi stessi mentre serviamo gli altri è davvero la via più rapida per fondersi nel Divino.

È estremamente importante essere gentili, cordiali, leali e offrire il proprio aiuto senza aspettative. Funziona ovunque. Coltivando e cercando sinceramente di vivere i valori spirituali, possiamo imparare ad amare tutti come noi stessi, elevando noi stessi e il mondo. Per Amma, questo è ciò di cui oggi ha maggiormente bisogno questa nostra società inquieta.

Capitolo 7

La più grande austerità

"La pazienza è il rimedio ad ogni dolore."

— *P. Syrus*

A volte, relazionarsi con le diverse personalità di chi ci circonda può essere estremamente difficile. Spesso ci dimentichiamo che la gente problematica, che più mette alla prova la nostra pazienza, è quella che ha le ferite più profonde nella sua vita e ha maggiore bisogno di cure e attenzioni per guarire.

Anche se probabilmente la vicinanza di queste persone non è così gradevole, in realtà esse sono i nostri amici più preziosi perché ci indicano dove dobbiamo lavorare su noi stessi.

Amma attira a sé molte di queste persone perché nel mondo non esiste un altro luogo in cui possano essere amate e accettate incondizionatamente. La gente rifiuta con facilità gli altri, ma Amma accetta tutti, mostrandoci in tal modo che l'amore incondizionato e la pazienza vanno di pari passo. Praticare una di queste due qualità ci condurrà all'altra.

Un giorno una giovane donna mi raccontò quanto fossero difficili i rapporti con la sua famiglia. Dopo che si era trasferita nell'ashram di Amma in India per vivere una vita di servizio, i suoi familiari avevano cercato in ogni modo di contrastare questa sua scelta.

C'è una ragione che motiva il vincolo karmico tra noi e la famiglia in cui nasciamo. Dissi a questa ragazza che non doveva preoccuparsi troppo se la provocavano o la prendevano in giro. Anche se a volte potrebbe essere difficile percepirlo, c'è un sottile legame d'amore alla base dei rapporti tra i membri di una famiglia. In genere la nostra famiglia vuole il meglio per noi e ha paura di quello che non capisce, e sta a noi essere pazienti e mostrare con le nostre buone azioni che abbiamo fatto la scelta eroica di condurre una vita spirituale. Le dissi anche che dipendeva da lei mostrare che non voleva fuggire dal mondo, ma che intendeva renderlo ancora più bello dedicandosi interamente al servizio disinteressato.

Ci sono molti aspiranti spirituali che hanno difficoltà a capire perché stanno vivendo conflitti con i propri familiari o anche solo con i vicini.

Dimentichiamo che c'è un'ottima ragione per tutto ciò che siamo destinati ad affrontare. Sforziamoci dunque di coltivare la pazienza e la compassione per gli altri. Cercate di prendere in considerazione il vissuto delle persone con le quali avete difficoltà e comprenderete meglio perché sono diventate come sono.

Dopo aver messo i nipotini a letto, una nonna si tolse l'abito che indossava, si mise dei vecchi pantaloni e una larga casacca e poi cominciò a lavarsi i capelli. Sentendo i nipotini fare sempre più chiasso, cominciò a perdere la pazienza. Alla fine, avvolse frettolosamente un asciugamano sulla testa e poi fece irruzione nella loro camera, rimettendoli a letto e ammonendoli severamente. Mentre stava per uscire, sentì il bambino di tre anni che diceva con voce tremante: "Chi era quella?"

Quando perdiamo la pazienza, perdiamo il contatto con il nostro vero Sé e diventiamo irriconoscibili agli altri e a noi stessi.

La persona più grande e più umile ha una quantità illimitata di pazienza e di tolleranza. Davvero. A volte penso che la pazienza che Amma ha con noi sia ancora più grande del suo amore. Lei attende con estrema pazienza una nostra trasformazione interiore, senza forzarci ad accettare nessuna verità o principio spirituale. Semplicemente offre il suo amore e la sua accettazione, mostrandoci al tempo stesso tantissimi esempi di bontà. Aspetta che noi cambiamo e scopriamo la vera felicità che cerchiamo da sempre.

Un giorno, mentre eravamo in aereo, Amma si volse verso di me e mi disse: "La più grande austerità è avere pazienza". Fui piuttosto sorpresa dalle sue parole perché non riteniamo che esercitare la pazienza sia un'austerità. Amma ha però incontrato milioni di persone nelle situazioni più diverse, affrontato problemi inimmaginabili e capisce fino in fondo la psiche umana e le sue sfumature.

Praticare la pazienza ci renderà felici, ridurrà il nostro livello di stress e ci aiuterà a comportarci nel modo migliore quando ci troveremo in circostanze difficili. Amma sa che la soluzione di tutti i problemi sta nell'essere più pazienti, sebbene non sia certamente facile, e ci ricorda che se non impareremo la pazienza, diventeremo dei pazienti! L'80% delle malattie di oggi sono collegate allo stress.

Durante un tour di Amma in Kerala, molti devoti locali desideravano celebrare la *pada puja* (abluzione rituale dei piedi del Guru) al suo arrivo. Al termine del rito, tutti erano così impazienti di avere un po' di quest'acqua santa che, tra i vari spintoni e strattoni per ottenerla, il piatto che la conteneva si capovolse e l'acqua finì per terra. Avevano tutti sprecato l'opportunità di ricevere quell'acqua preziosa. Il desiderio che ci spinge a voler prendere sempre ci fa perdere la cosa più importante: la pace interiore nel momento presente, o come nell'episodio appena descritto... l'acqua della *pada puja*!

Mi hanno raccontato storie davvero spassose su persone in attesa di ricevere degli snack o un biglietto per il darshan, che inventano stravaganti motivi per giustificare il loro volere subito ciò che desiderano, prima di chiunque altro e nel più breve tempo possibile.

È capitato che alcuni, solo perché non volevano aspettare troppe ore, avessero addirittura preso in prestito i figli degli amici per sembrare dei genitori che, avendo neonati o bambini piccoli, necessitavano di un biglietto prioritario per il darshan.

Un test eccezionale che misura la nostra pazienza è avere fame ed essere in fila per il pasto. In simili circostanze potremmo dimenticarci di comportarci decorosamente, spinti dall'ardente desiderio di avere appena possibile una tazza di *chai*, del cibo o qualsiasi altra cosa ci occorra. Sentiamo che abbiamo bisogno di tutto proprio adesso. Perché dovremmo aspettare con tutti gli altri così a lungo?

Amma ha detto che aspettare quando si è affamati e si è davanti a un piatto pieno di cibo è un grande test per la pazienza. Riusciamo ad aspettare di avere pregato prima di mangiare?

Qualcuno mi diceva che in alcuni grandi templi è possibile, pagando, entrare in una fila preferenziale per avere il darshan dell'idolo o dell'immagine divina. Questa fila veloce è rivolta in particolare a gente molto impegnata che ha ben altro da fare che trascorrere il tempo in fila, anche se si tratta di attendere in un tempio.

Quando sono centinaia le persone in coda per il darshan di Amma, qualcuno dovrà aspettare fino alla fine del programma ed essere l'ultimo. Spesso sono quelli che hanno avuto la pazienza di aspettare che ricevono il darshan più lungo e più dolce.

In tutti i suoi vari aspetti, la maternità ci insegna la qualità della pazienza. Quanto pazientemente una mamma uccello coverà le uova durante un temporale, quando soffia forte il vento o sotto i raggi cocenti del sole, aspettando che si schiudano! Gli uccelli devono possedere un'immensa pazienza mentre aspettano che i loro piccoli nascano. Infatti, se cercassero di accorciare i tempi e forzare l'apertura dell'uovo, rovinerebbero tutto.

Mentre il bambino cresce nel grembo materno, la madre deve muoversi con la massima cura e avere tantissima attenzione e pazienza per affrontare i molti mesi di disagio legati al cambiamento del suo corpo che si ingrossa.

Deve sforzarsi di essere paziente e perseverante sia durante la gravidanza sia durante i dolori del parto. Quando poi è nato, occorre ancora più pazienza per crescere bene il bambino e assolvere le responsabilità che spettano ai genitori.

Qualsiasi progetto grandioso nella vita richiede tempo per svilupparsi, nonché tolleranza e tenacia per portarlo avanti.

La pazienza è una qualità incredibilmente rara e preziosa che sta rapidamente scomparendo nel mondo frenetico di oggi.

Nei suoi *satsang*, Amma ci ricorda che perfino in paradiso c'è una fila e, se non siete disposti ad attendere, allora potreste essere inviati nell'altro posto!

Tuttavia, io penso che probabilmente, in questo mondo odierno in cui si assiste a un declino dei valori, la coda per il paradiso sia più corta, e quella per l'altro posto sia molto, molto più lunga.

Amma racconta spesso la storia di due aspiranti spirituali che avevano trascorso lunghi anni in meditazione ai piedi di un baniano sacro. Un giorno il saggio Narada, il messaggero degli Dèi[1], apparve di fronte a loro. Balzando subito in piedi, i due asceti gli corsero incontro rivolgendogli questa preghiera: "Dì al Signore che stiamo meditando da tanti anni sotto questo albero sacro. Ti prego, chiediGli quando realizzeremo Dio. Aspetteremo con impazienza una tua risposta".

Narada partì e si recò da Dio riferendoGli la richiesta dei due meditanti. Tornato sulla Terra, il primo asceta gli andò immediatamente incontro e gli domandò: "Il Signore ti ha dato qualche messaggio per me?"

Narada rispose: "Il Signore ha detto che, contando le foglie di questo baniano, saprai il numero di anni che ti occorrono per raggiungere il Supremo".

---

[1] Alcuni di voi potrebbero pensare che la parola "dèi" vada scritta in minuscolo, ma io non riesco a farlo. Nel mondo odierno, mentre i valori stanno rapidamente perdendo significato, desidero indicare tutti gli Dèi con la lettera maiuscola. Ogni Tom, Dick e Hari sono scritti con l'iniziale maiuscola e quindi perché non farlo anche quando ci si riferisce al Divino? Ad ogni modo, nei miei libri la parola "Dèi" sarà sempre scritta con la maiuscola!

L'asceta guardò l'albero e, scoraggiato dalle migliaia di foglie che vedeva sui rami, dichiarò: "Per me non c'è speranza. Ho sprecato tutto questo tempo a meditare sotto questo albero quando avrei potuto gustare i piaceri del mondo". Così dicendo, partì e abbandonò il cammino spirituale.

Anche il secondo aspirante andò da Narada ponendogli la stessa domanda: "Il Signore ti ha dato qualche messaggio per me?"

Narada ripeté la risposta: "Il Signore ha detto che, contando le foglie di questo baniano, saprai il numero di anni che ti occorrono per raggiungere il Supremo".

A queste parole, l'asceta cominciò a danzare ebbro di gioia.

Narada chiese: "Mi hai sentito bene? Ci sono migliaia di foglie su questo albero! Perché sei così felice?"

Estasiato, l'uomo rispose: "Sono così grato nel sapere che un giorno il mio Signore verrà da me e mi concederà la Sua visione divina!"

Immediatamente il Signore apparve e l'uomo ottenne la Liberazione. La morale della storia, come ci dice Amma, è: "Una pazienza infinita porta risultati immediati".

Se voi pensaste: "In pochissimo tempo diventerò il più grande di tutti gli yogi, devo solo compiere le posizioni yoga cercando di allungare i miei arti in questo modo", cosa accadrebbe il giorno dopo? Forse vi sarete stirati un muscolo e comincerete a zoppicare al termine della vostra prima lezione di yoga solo perché volevate diventare subito esperti e non vi eravate concessi del tempo per apprendere lentamente. Ci sono cose che vanno compiute gradualmente.

Una volta ho letto la storia di un insegnante che teneva tra le mani un bocciolo; mostrandolo a un suo giovane allievo, gli chiese: "Potresti cercare di schiudere il fiore?" Entusiasta, il ragazzo prese il fiore sforzandosi di aprirne i petali. Fece il possibile per schiuderlo e farlo sbocciare, ma finì solo per rompere e sbriciolare tutti i petali, rovinandolo per sempre.

Con questo esempio, il maestro intendeva insegnare agli studenti l'importanza della pazienza nella vita. Affinché sbocci e diffonda il suo profumo, un fiore ha bisogno di aprirsi in modo naturale. A volte nella vita spirituale vogliamo forzare le cose quando dovremmo invece acquisire la saggezza della pazienza.

Ricordate, tutto è destinato a sbocciare al momento giusto.

Capitolo 8

Imparare a rispondere

*"Il perdono è la fragranza che la viola
sparge sul calcagno che l'ha calpestata".*

— *Mark Twain*

Sono necessari molti anni di vita spirituale
per imparare a non reagire in modo eccessivo,
come abitualmente facciamo. Tuttavia, se per
controllare la mente svolgiamo le pratiche spirituali con il giusto atteggiamento e utilizziamo
il *mantra japa* (ripetizione di sillabe sacre) e altri
strumenti adeguati, queste reazioni negative si
smorzeranno gradualmente.

I giovani reagiscono ad ogni inezia. Quando
guardiamo un bambino, vediamo il suo viso
riflettere un'infinità di espressioni nell'arco di
pochi minuti e può essere divertente osservarlo. Tuttavia col passare degli anni non è così

piacevole reagire costantemente a ogni emozione che attraversa la mente.

Invece di reagire sempre e subito ai nostri pensieri e alle nostre emozioni, cominciamo ad imparare l'arte di rispondere.

Quando reagiamo siamo governati dalle emozioni, mutevoli come il vento e completamente inaffidabili, e quando esse diventano la base su cui fondiamo i nostri giudizi finiamo solitamente in un mare di guai.

La base per una risposta proviene da una saggezza più alta. La risposta è governata dal buon senso e dalla saggezza e non da comportamenti istintivi.

Reagire a ciò che ci accade è un riflesso naturale che nasce dalla nostra psiche più profonda, un impulso che proviene dal meccanismo istintivo 'combatti o fuggi', trasmessoci nei secoli. Occorre molta disciplina e un'attenta consapevolezza, appresa nel tempo, per smorzare le reazioni e modulare le proprie risposte nel modo più accorto e consono ad ogni situazione.

Una pratica consapevole ci aiuta ad acquisire gradualmente più autocontrollo e padroneggiare le situazioni invece di esserne schiavi, affrontando le sfide con decisioni prese con una mente calma.

La maggior parte di noi non conosce il ciclo evolutivo della vita e le inevitabili conseguenze dei suoi atteggiamenti e delle sue azioni. Esserne a conoscenza ci dà la capacità di accettare le difficoltà che sorgono nella vita. Le conseguenze dei nostri atti ci tornano indietro in un modo o nell'altro.

Quando reagiamo adirati, dovremmo ricordare che in futuro riceveremo lo stesso trattamento perché ciò che abbiamo fatto ritornerà a noi come un boomerang. Se riusciamo a perdonare e a rispondere gentilmente agli errori degli altri, il perdono concesso tornerà a noi come benedizione.

Una donna mi raccontò una vicenda che riguardava la sua famiglia. Una sua cugina usciva con un uomo che gli zii disapprovavano profondamente perché lui praticava una religione diversa dalla loro. Lo zio arrivò persino a fare una scenata sul posto di lavoro della figlia, chiedendole di fronte a tutti i suoi colleghi di lasciare il fidanzato.

A mano a mano che il rapporto di sua cugina con questo ragazzo si faceva più profondo, il rapporto con i genitori era sempre più teso. La ragazza finì per sposare quell'uomo e a quel punto i genitori le dissero: "Sarebbe stato meglio se fossi morta, invece di infliggere un tale dispiacere alla nostra famiglia". La giovane interruppe ogni rapporto con loro.

Sei anni più tardi e dopo la nascita di due bambini, i genitori desideravano disperatamente riallacciare i contatti con la figlia e conoscere i nipotini, ma la ragazza si rifiutò, non volendo perdonarli. Pensava che crescere i suoi figli accanto a dei nonni così pieni di odio e di rabbia non sarebbe stato positivo per i bambini. Questa famiglia, un tempo molto grande e unita, si era completamente disgregata.

Se ci sforzassimo di mostrare compassione - o di usare almeno un pizzico di discernimento - quando ci accorgiamo dell'impatto della nostra collera, gelosia e rancore sugli altri, ci sarebbe molta più armonia nella nostra vita e riceveremmo un grande dono: le benedizioni della nostra stessa mente.

Nella mente si susseguono incessantemente onde-pensiero vorticose con i loro giudizi ed emozioni sempre mutevoli. Ricordiamo però che ci pentiremo ogniqualvolta avremo una reazione eccessiva, e in un modo o nell'altro raccoglieremo i frutti di tale atto.

Man mano che ci accorgiamo quanto le nostre reazioni feriscano coloro che amiamo, cominciamo a cambiare e a diventare più tolleranti. Sforzandoci di ricordare di non giudicare o di non andare in collera, con la pratica vedremo le nostre reazioni sfumare e infine cessare. Siate tuttavia pazienti perché è difficile dominare completamente la collera presente in tutti noi in gradi diversi.

Se qualcuno vi tratta male è perché ha sofferto molto nella sua vita. Perdonatelo e sforzatevi di essere gentili.

Un giorno guardavo una fotografia che mostrava qualcosa di piuttosto insolito, la lotta tra un piccolo serpente e un grande rospo. Il serpente aveva afferrato il rospo, che a sua volta teneva il serpente in bocca. Un fotografo famosissimo aveva ripreso questa scena e si era seduto lì vicino, aspettando di vedere chi avrebbe vinto la battaglia. Restò a guardare per dodici lunghe ore. Alla fine lasciò perdere e andò a casa. Non seppe mai chi fosse il vincitore. La rana e il serpente erano completamente intrappolati nella loro lotta silenziosa che sarebbe potuta proseguire per giorni. Quando ci scontriamo con qualcuno, potremmo rimanere davvero bloccati se non siamo pronti a retrocedere e a fare concessioni. L'ego può essere estremamente ostinato. Per i devoti, una soluzione potrebbe essere immaginare che la persona con la quale siamo in conflitto sia Amma. Nessuno vorrebbe veramente discutere con lei, credetemi. Ho provato qualche volta ed è impossibile vincere.

Il perdono è uno strumento straordinario che aiuta le persone a riavvicinare la mente al cuore, crea armonia a diversi livelli, porta benessere fisico e serenità mentale, e opera su diversi piani allentando i nostri legami karmici.

Questa potente testimonianza di una donna europea può illustrare meglio questo punto:

"Vado a tutti i programmi di Amma sin da quando venne per la prima volta a Barcellona. Quella volta le cose andarono diversamente. Due settimane prima del suo arrivo, la mia vita subì un tracollo.

Come ogni mattina camminavo per la strada quando alcuni uomini si avvicinarono chiedendomi l'ora. Risposi che non la sapevo e continuai la mia strada. In quel momento lo sportello posteriore della loro auto si aprì e una mano mi mise uno straccio sulla bocca.

Mi trascinarono nell'auto e misero degli schermi ai finestrini in modo che la gente non potesse accorgersi di quello che stava succedendo e pensasse che si trattava solo di una coppia che voleva stare insieme.

Persi conoscenza. Non so cosa successe esattamente, ma quando ripresi i sensi avevo un uomo su di me che mi stava violentando. Cercai di difendermi con le unghie e con i denti e gli diedi ripetutamente dei calci. Fortunatamente gli feci male, così lui si allontanò un po'. Approfittai di questa distanza per sferrargli un calcio più forte.

C'erano altri uomini che lo guarda-
vano mentre mi violentava e uno di loro
cercò di afferrarmi, ma fu troppo lento.
Saltai fuori dall'auto e scappai.

Mi misi a correre, scavalcai un largo
fosso e mi ritrovai in aperta campagna a
chiedere aiuto. Caddi in un fosso pieno
d'acqua che serviva ad irrigare il terreno.
Cominciai a lavarmi perché mi sentivo
sporca. Non potevo essere, non potevo
sentirmi così sporca. Non lo volevo.

Non ho mai fatto nulla perché una
simile cosa accadesse. Non so perché mi
sia successo. La mia unica consolazione
è che forse, essendo successa a me, avevo
salvato qualcun'altra...

Incontrai Amma poche settimane
più tardi. Avevo sognato che voleva che
andassi da lei. In questo sogno mi abbrac-
ciava e mi diceva che mi avrebbe aiutata
a rimuovere tutto il dolore che provavo.
Le credetti.

Feci il viaggio da sola. Le mie figlie
non volevano che andassi perché vedevano quanto stessi male e pensavano che

non sarei riuscita ad affrontare da sola quel viaggio di quattro ore. Ma io insistei.

Quando arrivai, le meravigliose persone che stanno con Amma mi aiutarono. Non avevo il biglietto per il darshan, ma mi diedero un numero che mi assicurava un darshan prioritario. Quando fui vicina a lei, chiesi loro di raccontarle quello che mi era successo.

Alcuni credono che una volta che sei Suo figlio, la Madre ti proteggerà e una cosa del genere non potrà accaderti... eppure era accaduta.

Ma Amma cambiò tutto!

Mentre le spiegavano cos'era successo, quando mi guardò sentii la sua compassione entrare dolcemente in me. Ero andata da lei con totale fiducia, molto emozionata e piena di speranza. Ero sicura che nei miei sogni mi stesse chiamando e così volli incontrarla. Quando mi abbracciò, sentii subito che quell'abbraccio era diverso da ogni altro abbraccio ricevuto prima.

Non voglio dire che mi diede fisicamente un abbraccio diverso da quelli precedenti, non intendo questo. Tuttavia sentii che quell'abbraccio era diverso perché questo gesto diede luogo a un miracolo. Quando mi abbracciò, mise la sua mano sul mio cuore. Io le dicevo: "Madre, per favore, toglimi questo dolore. Non occorre che fai sparire le mie ferite, ma il dolore sì. Ti prego, portalo via".

Amma mi guardò negli occhi, mise una mano sul mio cuore e, senza distogliere lo sguardo, premette con la mano il mio petto per tre volte. La seconda volta ebbi l'impressione che la sua mano entrasse nel mio corpo. Alla terza mi parve che la sua mano, la sua forza e la sua energia fossero penetrate in tutto il mio corpo e uscissero dalla mia schiena, liberandomi da tutto il dolore che portavo.

Dopo il darshan, sentii che la mano di Amma era ancora nel mio corpo e nella mia mente. Sapevo che mi stava aiutando a perdonare quelle persone. Ed è quello che sto facendo.

Prima di ricevere il darshan di Amma avrei voluto morire, mi chiedevo come sarei riuscita a continuare a vivere con il ricordo di quel giorno. Ma non avevo la forza di uccidermi e così tagliai tutti i capelli (che portavo lunghi fino alle spalle) in segno di protesta per l'offesa subita e come simbolo della mia sofferenza interiore. Dopo il darshan di Amma, ricominciai a dormire la notte.

Avevo portato tutta la mia sofferenza alla Madre... e lei l'aveva rimossa.

Non ho mai accusato Dio. Ho chiesto "Perché io?", ma la mia fede è sempre stata presente; anche se un po' affievolita, non l'ho mai persa completamente.

Dopo il darshan di Amma ho avvertito una differenza: mi sento avvolta completamente da una pace interiore. La Madre ha tolto la sofferenza dal mio cuore e ora mi sembra di avere cominciato a salire la scala per il paradiso.

Non riesco a credere di essere stata 'scelta' per ricevere questo miracolo. Tuttavia, il miracolo più grande è l'avere rinnovato la mia fede in Dio... e negli uomini. Sono di nuovo felice.

Mi sento orgogliosa di essere donna. Tutti gli uomini sono miei fratelli e tutte le donne sono mie sorelle. Tutto è mio e sto cominciando a perdonare. Penso che questo sia il più grande di tutti i miracoli.

Amma è qui con me, sempre. Sento il suo amore nel mio cuore. So che lei sarà sempre con me.

Dio ha messo Amma sulla Terra per persone come me, in modo che lei possa compiere simili prodigi. Grazie Amma, e grazie a tutti quelli che ti seguono e vogliono aiutarti. D'ora in poi voglio aiutare anch'io".

Il paradiso e l'inferno sono concetti della mente e con le nostre azioni e reazioni creiamo il nostro paradiso e il nostro inferno personale. Il perdono è uno dei modi con il quale creare in noi il paradiso. La cosa bella è che, se vi sforzate di perdonare qualcuno, riceverete più benedizioni di qualunque altra persona, persino più di quelle che riceve colui al quale avete perdonato.

Quando ci teniamo stretti la collera e l'odio, l'unica persona che soffre veramente siamo noi. Quando perdoniamo, anche se le circostanze possono essere dolorose e il processo estremamente difficile, cominciamo a scoprire dentro di noi un frammento di paradiso. Molte volte ci portiamo appresso la sofferenza per tanti anni, se non per tutta la vita. Sta a noi decidere di lasciarla andare.

A prescindere da quanto arduo possa sembrare, ricordiamo che infine saremo noi a beneficiare del perdono che concediamo. Dobbiamo acquisire la forza che nasce dal capire chi siamo veramente e del perché siamo qui. Solo allora potremo proseguire gradualmente il nostro viaggio e imparare ad abbracciare tutto quello che la vita ci presenta.

Capitolo 9

Sempre un principiante

*"Tutti i fiumi scorrono verso l'oceano
perché si trova più in basso di loro.
L'umiltà dà all'oceano il suo potere".*

— *Lao Tzu*

Una ragazza mi ha raccontato che aveva lavorato in un centro di paracadutismo in cui era "addetta alle imbragature", ovvero doveva imbragare le persone che si sarebbero lanciate da un aereo. Le chiesi se capitava spesso che si facessero male.

Con noncuranza rispose: "Oh sì, ci sono un paio di morti l'anno".

"Morti?" domandai inorridita, "Perché rischiare la propria vita per lanciarsi da un aeroplano?"

"Perché è divertente", rispose, "Inoltre, i principianti non hanno mai incidenti mortali perché si lanciano sempre con un paracadute tandem, saldamente imbragati dietro l'istruttore. E gli istruttori non hanno mai incidenti mortali. Sono quelli che si sopravvalutano ad infortunarsi. Ciò che conta è aprire il paracadute ad una quota piuttosto alta per avere un atterraggio morbido, ma più hai esperienza più aspetterai ad aprirlo perché è più elettrizzante. Le persone che si schiantano al suolo aprono il paracadute troppo tardi e a quel punto non possono più controllare la caduta. In realtà il paracadutismo non sarebbe pericoloso, ma l'arroganza fa compiere alle persone un errore fatale".

Proprio come quei paracadutisti dobbiamo aprire la nostra vita all'umiltà ora, prima che sia troppo tardi, perché l'ego può davvero ucciderci!

Amma dice che "Possiamo controllare gli eventi solo fino a un certo punto, poi è la Grazia Divina a far accadere ogni cosa. Dobbiamo cercare di praticare l'abbandono. Perfino quando si vince una gara occorre chinare il capo per ricevere la medaglia. L'umiltà è la chiave che apre il cuore".

Un attore europeo di fama internazionale venne in India ad incontrare Amma. Ovunque si recasse, le persone erano solite accalcarsi intorno a lui, pendere dalle sue labbra, fissarlo rapiti e chiedergli l'autografo, ma ad Amritapuri successe l'opposto.

Mentre sedeva sul palco in attesa che finissero di riprendere la sua interpretazione in un film girato ad Amritapuri, si alzò in piedi cercando di vedere Amma. Inavvertitamente bloccò la vista a una signora anziana che, infuriata, prese l'ombrello dalla borsa e cominciò a punzecchiarlo sulla schiena chiedendogli di sedersi. La donna non sapeva chi fosse quest'uomo e, anche se l'avesse saputo, non le sarebbe certamente importato. Voleva solo che si spostasse per poter vedere Amma.

Intorno ad Amma anche il più grande ego viene demolito (a volte servendosi delle mani di vecchiette con ombrelli!)

Non dimenticate che sono gli insuccessi, le persone difficili, le sofferenze e le prove, che smussano il nostro ego e lo cesellano. Non sappiamo mai come il Divino opererà su di noi.

L'umiltà di Amma è impareggiabile. Mentre eravamo in Kenya per un programma ed eravamo diretti a visitare la proprietà di un devoto, vedevo le persone lungo la strada che indicavano col dito la nostra macchina e si scambiavano commenti. Incuriosita, chiesi all'autista cosa dicessero.

"Qual è 'Lei'? Quella in bianco o quella in arancione?", mi tradusse.

Quando lo riferii ad Amma, lei disse umilmente: "Io sono del loro stesso colore, quindi tu sorridi e salutali con la mano".

Amma voleva che fingessi di essere lei e che sorridessi e salutassi con la mano la gente lungo la strada. Quale incredibile esempio di umiltà! Non le importava che facessi finta di essere lei perché pensava che questa gente sarebbe stata più contenta ed entusiasta vedendo qualcuno diverso da loro.

Invece di darci delle arie, sforziamoci di rimanere umili e di imparare da ogni cosa nel creato. Guardate Amma: sa già tutto quello che bisogna sapere, eppure rimane aperta a nuove conoscenze. O diventiamo umili con grazia, per scelta, o la vita ci costringerà ad esserlo ponendoci di fronte a situazioni dolorose o imbarazzanti.

Quando non è occupata a dare il darshan, è facile vedere Amma studiare i vari aspetti che riguardano l'amministrazione di scuole, ospedali o altre strutture fondate da lei. A volte resta sveglia la notte, esaminando le procedure organizzative e tecniche necessarie alla loro gestione. In tal modo acquisisce la conoscenza per guidare molto efficacemente le sue istituzioni. Non pensa mai di sapere già tutto e che non deve apprendere altro, ma è sempre disponibile a imparare da ogni situazione.

Aprire la nostra mente e il nostro cuore ci aiuterà a comprendere che la vita, con tutti gli alti e i bassi, le prove e le tribolazioni, è davvero un viaggio istruttivo che non finisce mai. C'è una saggezza sconfinata che aspetta di essere scoperta. Tutti i fili d'erba, i fiocchi di neve, persino i nostri milioni e milioni di impronte digitali sono completamente unici, e ognuno di essi ha qualcosa da insegnarci.

C'è una lezione da trarre da tutto e da tutti. Anche se sentiamo di aver fallito miseramente in passato, dovremmo cercare di fare tesoro di quella esperienza. Prendete ad esempio un ragno: se distruggete la sua tela, ne costruirà subito un'altra, non si darà mai per vinto.

La natura, tutta la creazione, desidera condividere i suoi segreti più profondi con noi, ma per cogliere le lezioni che ci vuole insegnare dobbiamo aprire non solo gli occhi, ma anche la mente e il cuore. Se riusciamo a ridurre il nostro ego ed essere disponibili ad apprendere, attireremo a noi la grazia e ci verranno rivelati i misteri dell'universo. La vita diventerà una celebrazione.

La vita è un oscillare continuo tra prova ed errore, il che significa che compiremo sicuramente (e frequentemente) errori lungo la strada. Alcune persone sfogliano articoli di giornale alla ricerca di segreti magici su "come-fare- le cose-nel-modo-giusto", ma senza alcun risultato. Nessuno è perfetto e ognuno è diverso dall'altro. Ho letto un articolo nel quale un uomo citava questa frase del suo capo: "Mostrami una persona che non ha mai commesso un errore e io ti mostrerò un bugiardo!"

La buona notizia è che quando sbagliate, ci sarà sempre qualcuno pronto a farvelo presente e a correggervi. Almeno siate felice di questo!

Durante i *bhajan* (canti devozionali) serali, una bambina sedeva sul palco dell'*ashram* vicino ad Amma e, come sempre, si comportava come una birichina. Ogni volta che cominciava a giocare o a disturbare, mi voltavo verso di lei e la rimproveravo in modo pacato, dicendole di smettere di fare rumore. Pur conoscendo solo qualche parola d'inglese, faceva una smorfia e per un po' rimaneva tranquilla. Dopo qualche minuto ricominciava le sue birichinate e così di nuovo mi voltavo e con severità cercavo di imporre un po' di disciplina. Ad un certo punto, quando iniziò a disturbare troppo, mi volsi verso di lei e dissi: "Sei troppo disubbidiente!"

Lei si sporse verso di me e sussurrò: "Ti voglio bene…".

Devo ammettere che rimasi allibita da questa risposta.

Lei si sporse di nuovo e ripeté un po' più forte: "Ti voglio bene!". Mi sorrideva dolcemente e io restai senza parole.

Quando al termine del programma si alzò per andarsene, mentre tutti gli altri bambini stavano già scendendo dal palco, si girò un'ultima volta verso di me e con un grande sorriso e a voce alta disse: "Ti voglio bene!". E poi corse via.

Come questa bambina, così anche noi dovremmo sforzarci di essere umili e contenti quando ci mostrano i nostri errori. Chi riesce a farlo, vedrà la sua vita scorrere senza troppi intoppi e gli sarà facile dire: "Grazie per aver-melo fatto notare".

Le persone davvero umili portano un senso di pace, di contentezza e perfino di gioia ovun-que vadano, illuminando le vite di tutti quelli con cui entrano in contatto.

Riuscite a essere umili se qualcuno cor-regge i vostri errori? Cosa succede se venite accusati di qualcosa che non avete commesso? In questo caso è difficile rimanere umili, ma se riuscite a controllare l'ego che automaticamen-te affiora ed esclama: "No, non è giusto, non è colpa mia" e a non dare la colpa a qualcun altro, vi accorgerete di quanti preziosi inse-gnamenti cominceranno a presentarsi. Quindi controllate il vostro ego e accettate ciò che la vita vi insegna.

Assumetevi la responsabilità delle vostre azioni. Qualsiasi cosa facciamo ha delle riper-cussioni. Dobbiamo imparare le lezioni che ogni esperienza ci insegna, che ci piaccia o no. Potrebbe essere difficile accettare i nostri errori, ma se lo facciamo saremo benedetti da molte esperienze meravigliose.

Eccone una, ad esempio:

"Finito il mio *seva*, riposi il mio grembiule preferito in borsa. Qualche ora più tardi, quando andai a prenderlo non lo trovai. Ero sconvolta. Sapevo che si trattava 'solo' di un grembiule... ma era il mio preferito e ne avevo assolutamente bisogno per svolgere il *seva*.

Lo cercai disperatamente per tutto il giorno senza risultato.

Mentre tutti i volontari del mio gruppo stavano spazzando, lavando il pavimento e pulendo, io perlustravo ogni angolo. Tutte le volte che prendevo in mano una scopa o uno straccio, mi veniva in mente il grembiule e immediatamente smettevo e riprendevo la mia ricerca frenetica.

Preoccupato per il mio sguardo disperato, un amico venne da me e mi chiese: "Stai bene?"

"No, non sto bene!", risposi. "Non riesco a trovare il mio grembiule preferito. Scommetto che lo sta indossando qualcuno... Lo so che si tratta di un semplice grembiule da venti centesimi e che non dovrei essere attaccata alle cose materiali, ma non riesco a non pensarci. Lascia perdere. Sto bene. Non ho più voglia di parlarne".

Alla fine, dopo una lunga lotta interiore, accettai di averlo perso e decisi di comprarne uno nuovo. Mentre mi dirigevo verso il negozio, cominciai a pensare a tutte le cattive azioni che avevo compiuto e che avrebbero potuto giustificare una simile punizione karmica. Mi ricordai che parecchi giorni prima ero stata molto scortese con una persona con la quale avrei dovuto essere più gentile.

Senza saperlo, una delle mie compagne aveva preso in prestito quel grembiule e, quando avevo visto che lo stava indossando, mi ero voltata verso di lei e con estrema freddezza le avevo detto: "Quello è mio. Cerca di restituirmelo quando avrai finito". Me lo ridiede la sera stessa e non si ripeterono più altri 'furti di grembiuli'.

Quando mi ricordai di questo episodio, mi fermai all'improvviso e mi misi a pregare Amma: 'Amma, mi dispiace per il mio comportamento. Sapevo che quella ragazza stava attraversando un brutto momento e non sono stata gentile con lei. Cercherò di essere più gentile anche quando mi sarà difficile. La prossima volta che la incontro mi scuserò per il mio comportamento'.

E, come d'incanto, quando mi volsi vidi il mio grembiule preferito tutto impolverato, delicatamente appeso al davanzale in cemento".

Un giorno una donna venne da me per parlarmi della sua confusione interiore. Pensava che Amma non volesse che lei riuscisse nella vita, e disse che ogni volta che falliva le riusciva quasi impossibile perdonare se stessa.

Risposi che Amma non desidererebbe mai che qualcuno fallisca, che è completamente dalla nostra parte e che vuole che vinciamo.

Amma ha dedicato tutta la sua vita a condurci al traguardo.

Tuttavia riconoscere i propri insuccessi ha un profondo valore. Se pensiamo di essere sempre il vincitore, colui che supera tutte le prove, il nostro ego continuerà a crescere e a consolidarsi e non acquisiremo mai l'umiltà di un principiante.

Ricordiamo che, lungo questo cammino, siamo sempre principianti. Solo loro sono consapevoli di quanto debbano ancora apprendere.

Quando ci sembra di avere affrontato tutte le sfide e di sapere già tutto, smettiamo di imparare. È molto pericoloso credere che non ci sia più nulla da imparare. All'ego piace affermare: "Chiudi il libro. Io so tutto!" Un tale modo di pensare lo rafforza e quale vantaggio possiamo trarre da questa situazione?

Dio è l'incarnazione della compassione e del perdono. Quando perdiamo, se accettiamo questa esperienza con il giusto atteggiamento, scopriamo che possiamo imparare qualcosa di utile dall'insuccesso. Facendolo, ci apriremo e potremo assimilare nuovi saperi e fare altre esperienze. Se permettiamo a noi stessi d'imparare, un giorno potremmo perfino diventare una persona esperta, in grado di guidare gli altri.

Pensate a persone come Madame Curie che, pur conducendo innumerevoli esperimenti senza alcun risultato, non si diede mai per vinta pensando: "Accidenti, ho fallito! Non farò più altri tentativi". Proseguì le sue ricerche in laboratorio, offrendo la propria vita alla scienza. Alla fine scoprì il radio, una scoperta molto utile all'umanità.

Tutti i grandi scienziati hanno sperimentato l'insuccesso, ma nessuno di loro ha interrotto le proprie ricerche. Thomas Edison compì migliaia di esperimenti senza nessun esito, ma non ritenne mai che fossero dei fallimenti. Invece di soffermarsi sugli innumerevoli tentativi fatti prima di riuscire a costruire una lampadina, si dice che abbia affermato: "Non ho fallito. Ho solo provato 10.000 modi che non hanno funzionato".

Non pensate a voi stessi come a dei perdenti perché questo pensiero prosciugherà le vostre energie e potrà condurvi alla depressione, da cui potrebbe essere difficile guarire. Voi siete i figli innocenti della Madre Divina. Quando non superate un test, alzatevi, imparate dai vostri errori e andate avanti.

Cosa succederebbe se un bambino che muove i primi passi cadesse e pensasse: "Oh, sono caduto. Basta, non ci provo più"?

Lasciamo che gli insuccessi ci rendano umili e consideriamoli esperienze positive che favoriscono la nostra crescita e il nostro progresso nella vita; riteniamoli un amico che ci aiuta a scoprire meravigliosi misteri che aspettano di essere rivelati da noi. Non soffermiamoci sul lato negativo delle cose, ma vediamo tutto come una sfida, un'opportunità positiva che ci aiuta a maturare, così da poter assaporare la bellezza del creato.

Amma prega affinché ciascuno di noi trovi la propria strada verso il successo e ci ricorda che la creazione è bellezza, una bellezza che attende solo di essere scoperta. Con il giusto atteggiamento, riusciremo a vedere il mondo come lo vede Amma. Non dubitatene. Non datevi per vinti. Alla fine vincerete.

Tutti raggiungeremo la meta… è predestinato.

Capitolo 10

Lo strumento supremo

"La Terra è piena di paradiso…
Ma solo colui che vede si toglie le scarpe".

— *Elizabeth Barrett Browning*

Idealmente, tutte le pratiche spirituali hanno lo scopo di domare i sensi, in modo che la mente acquisisca consapevolezza e dimori nel momento presente.

Grazie a un'attenzione pura e a un'intensa focalizzazione, questa affinata consapevolezza ci aiuterà a squarciare i veli di *maya* (illusione) che ci offuscano. Quando infine la mente è pura, scopriamo la nostra vera essenza e arriviamo a conoscere anche quella degli altri.

Ecco un aneddoto che illustra quanto sia importante la consapevolezza per i praticanti. Guardando nell'acqua, le persone potevano vedere una preziosa collana che giaceva sul fondale di un lago. Molti si tuffavano in acqua, ma nessuno riusciva a trovarla nonostante l'immagine fosse molto nitida. Infine un Mahatma (Grande Anima) che passava di lì disse: "La collana deve trovarsi da un'altra parte. Ciò che vediamo è solo il suo riflesso. Sarà su un albero".

Attratto dal luccichio, un uccello l'aveva presa e poi l'aveva lasciata cadere su un ramo dell'albero da cui pendeva.

Tutti cercavano questa collana nel posto sbagliato. Allo stesso modo, Amma ci mostra che la vera sorgente della felicità è in un luogo diverso da quello in cui la stiamo cercando. Noi crediamo che coltivare buone qualità sia un compito che riguardi gli altri o forse ci diciamo che inizieremo a sviluppare e a praticare queste virtù in futuro; ora vogliamo divertirci ancora un po'. La mente tenta sempre d'ingannarci, tenendoci ancorati alle cattive abitudini. Dimentichiamo che dovremmo cominciare ad applicare le qualità nobili proprio nel "qui e ora", nel nostro vissuto quotidiano.

Forse occorreranno anni di pratica consapevole prima di riuscire ad assimilare fino in fondo una grande virtù e a non reagire automaticamente quando ci troviamo dinanzi a situazioni difficili. Tuttavia non possiamo permetterci di rimandare a più tardi questo compito. Se lasciassimo passare gli anni, potremmo diventare troppo vecchi per coltivare l'abitudine a un'attenta consapevolezza.

Un giorno, mentre eravamo in auto durante un tour nel nord del Kerala, Amma ci disse che un devoto aveva chiamato i suoi tre figli Amrit, Ananda e Mayi. Mentre ce lo raccontava, rideva di gusto. Davvero meraviglioso questo modo di mantenere viva la consapevolezza! A volte bisogna sforzarsi di allenare con metodi ingegnosi la mente, prima che ci faccia ricadere nella negatività con dei trabocchetti.

La consapevolezza non solo è necessaria in campo spirituale, ma è anche un importante fattore di successo nei nostri rapporti interpersonali.

Molta gente desidererebbe ardentemente viaggiare assieme ad Amma in auto, ma non si rende conto di quanto possa essere intensa questa esperienza spirituale. Durante un tour estivo degli Stati Uniti ci stavamo dirigendo in macchina verso Chicago quando, all'avvicinarsi del casello, l'autista si accorse di non avere il portafoglio. Era completamente senza soldi. Chiese a Swamiji se potesse prestargli del denaro, ma sia lui che io non ne avevamo.

Il nostro autista dovette uscire immediatamente dalla macchina e chiedere alle persone di un'altra auto i soldi per il pedaggio. L'uomo era nel più completo imbarazzo, anche se si sentiva sollevato nel vedere che Amma era seduta in meditazione con gli occhi chiusi e non si era accorta di quel contrattempo.

Bisogna avere sempre *shraddha* (consapevolezza), e chi è al volante dovrebbe assicurarsi di avere i soldi per i pedaggi!

Mi è capitato a volte di dire agli incaricati della sicurezza intorno ad Amma che dovrebbero tener conto e occuparsi di tutta la gente attorno a noi, non solo di Amma. Questi ragazzi sono devotamente concentrati su Amma, ma l'attenzione di Amma è sempre rivolta a tutti. Se non facciamo attenzione, la gente potrebbe facilmente cadere nella calca e farsi male.

Dobbiamo avere una visione consapevole delle cose di 360 gradi e non limitarci, come fa la maggior parte delle persone, a un campo visivo di 180 gradi. Impariamo ad espandere la nostra consapevolezza per includere gli altri e non lasciamo fuori il mondo come abitualmente facciamo. Tanta gente si occupa solo delle sue faccende personali senza andare oltre.

Spesso i devoti dirigono la loro esclusiva attenzione su Amma: questa è una buona cosa, ma bisognerebbe cercare di non disinteressarsi completamente degli altri. In ogni ambito e nei modi che ci è difficile immaginare, Amma cerca sempre di considerare quali siano i migliori vantaggi per tutti. La sua totale consapevolezza e sollecitudine per i bisogni individuali di ognuno comprende ogni possibile aspetto.

Se vogliamo progredire, bisogna che ampliamo la sfera della nostra consapevolezza, andiamo oltre il nostro piccolo mondo e ci prendiamo cura degli altri.

Una devota che opera in Afghanistan mi ha raccontato la seguente vicenda, che illustra perfettamente questo concetto:

"L'Afghanistan è un paese pericoloso e devastato dalla guerra. Negli anni in cui ero in missione lì, ho dovuto evacuare tre volte e so che è solo per grazia di Amma

133

che sono ancora viva. In moltissime occasioni mi sono trovata faccia a faccia con la morte, ma all'ultimo minuto la Grazia mi ha salvato. Vi racconterò uno di questi casi.

Era il 5 aprile 2014, il giorno in cui la gente sarebbe andata a votare, e avevamo l'incarico di monitorare i seggi elettorali.

Quando quel mattino mi svegliai, provai un senso d'inquietudine al pensiero di recarmi ai seggi. Decisi di ascoltare la mia intuizione. Sapevo che il nostro compito era molto rischioso e non volevo trovarmi nel bel mezzo di un'esplosione.

Dissi a un collega che non volevo andare e, concordando con me, aggiunse: 'Penso sia meglio non muoversi'.

Mentre stavano per uscire dall'hotel, i nostri compagni ci chiesero perché ci rifiutassimo di andare. Mi sentivo messa un po' sotto pressione e così feci questa proposta al mio collega: 'Facciamo un tentativo. Potremmo recarci al seggio elettorale che si trova all'angolo del nostro albergo per capire come stanno le cose. Se vediamo qualcosa di sospetto, possiamo sempre tornare indietro'.

Era bellissimo vedere le file delle donne giunte per esprimere il loro voto. Circa 350 donne erano radunate fuori dal seggio, stipate l'una accanto all'altra sotto la pioggia, aspettando con calma che aprissero per eleggere il nuovo presidente.

Sussurrai al mio collega: 'Wow, che meraviglia! Neppure nel mio Paese sarebbe possibile assistere a una scena del genere!' Ero particolarmente colpita dalla volontà di queste donne e dal loro impegno per il bene del proprio Paese.

Il mio collega andò nel seggio elettorale maschile e io in quello femminile. Stavano per aprire le porte. Quando arrivai, vidi tre donne: una si occupava delle schede elettorali, un'altra delle urne e un'altra ancora delle cabine elettorali. Guardai dietro di me e fui talmente atterrita da ciò che vidi che immediatamente volsi la testa e scappai correndo.

L'accesso al seggio elettorale femminile era riservato alle donne e perfino la mia guardia del corpo, che è un uomo, non poteva entrare.

Ciò che vidi fu una persona vestita da donna che aveva la mia stessa corporatura, e io sono molto alta - molto più alta delle donne afghane. Indossava una sciarpa nera, aveva spalle molto larghe e pelose e, ovviamente, da sotto il vestito spuntavano delle caviglie maschili.

Mi rivolsi mentalmente ad Amma chiedendole: 'Chi è costui?'

La sua risposta fu molto chiara: 'Stai attenta. È un attentatore suicida'.

Ero terrorizzata all'idea che ci avrebbe fatte saltare in aria, ma capii che avrebbe aspettato che tutte le 350 donne fossero entrate. Sapevo con certezza che qualcosa sarebbe successo; dopotutto, ero stata addestrata per questo. Mi rendevo anche conto che sarei stata al centro dell'esplosione. La mia vita si era trovata appesa a un filo troppe volte, e ora era chiaro che per me era giunta la fine.

Cominciai a correre.

Mentre correvo, continuavo a sentire la voce di Amma che mi diceva con chiarezza: 'Torna indietro! Torna indietro e sorridigli!'.

Non potevo credere a quella voce. Non volevo girarmi. Sarebbe stato un suicidio. Man mano che mi allontanavo, la voce diventava più forte: 'Torna indietro, torna indietro e sorridigli. Torna indietro e sorridi!'.

La voce era così forte e insolita che pensai: 'Ok, ok. So che questa voce viene da te, Amma. Tornerò indietro. Cercherò di seguire la tua indicazione'.

Tornai al seggio elettorale; mi sentivo come una bambina molto spaventata. Al momento l'attentatore non si muoveva, aspettava con calma che la stanza si riempisse. Andai verso di lui tre volte, ma ogni volta che mi avvicinavo, scappavo via.

Ero nella confusione più totale. A un certo punto lui girò la testa e io lo guardai profondamente negli occhi: sembrava completamente fuori dal mondo. Era ovvio che si trovava sotto l'effetto di qualche droga. La sua missione era una sola: uccidere delle persone.

Quando vidi quegli occhi avrei voluto fuggire di nuovo, invece mi sforzai di sostenere il suo sguardo e di sorridere... alla fine lui mi restituì il sorriso. Poi si voltò e se ne andò.

Quel giorno mi resi conto di essere stata quello che avevo sempre voluto essere: uno strumento del Divino. Attraverso di me, Amma aveva salvato la vita di centinaia di donne.

Amma è davvero un Maestro spirituale autentico. Come lo so? Dal modo in cui si prende cura di tutti noi, dal modo in cui si prodiga sempre, da come porta la magia nel mondo, da come guarisce e ci guida. So che lei è il mio Guru da come mi ispira ogni giorno e riversa amore su tutti noi".

Amma ci ricorda spesso che la consapevolezza è una delle qualità più importanti nella spiritualità. Per attrarre la grazia occorre uno sforzo unito alla consapevolezza. Non potete forzare le persone ad accettare questa verità; potete solo offrire la saggezza per aiutarle a comprendere le complessità della vita.

È molto difficile sviluppare la consapevolezza sottile del proprio Sé superiore, del Divino. Iniziamo quindi a coltivare la consapevolezza esteriore, che ci condurrà gradualmente a quella interiore.

Una ragazza mi raccontò che, durante il suo percorso scolastico, aveva studiato una cultura autoctona che si procurava il cibo pescando nel ghiaccio. Ogni giorno gli uomini uscivano, praticavano piccoli buchi nel ghiaccio che copriva le acque vicino al loro villaggio e poi rimanevano lì vicino, completamente immobili e in silenzio, impugnando le lunghe lance sopra questi buchi; appena vedevano un pesce o una foca lo infilzavano. Perfino una momentanea mancanza di consapevolezza poteva voler dire arrivare a fine giornata senza avere pescato nulla. Perché il pesce abboccasse, questi uomini avevano dovuto acquisire un'acuta consapevolezza e un totale silenzio interiore.

L'arte della consapevolezza è molto sottile e se desideriamo raggiungere il livello supremo

- la consapevolezza del Sé divino - dobbiamo cominciare a praticarla in tutti i nostri pensieri, in tutte le nostre parole e azioni.

È necessaria una vigilanza costante per reindirizzare la mente quando divaga. Bisogna dirigerla verso qualcosa di positivo prima che sprofondi nella negatività che lei stessa crea.

La consapevolezza è il migliore strumento per riuscire a riconoscere e ricordare questa verità: noi non siamo ciò che la mente ci dice di essere.

Capitolo 11

Dall'amore al servizio disinteressato

"A volte alzo gli occhi al cielo,
sorrido e dico:
'So che sei stato tu, Dio!
Grazie!'"

— *Anonimo*

Una storia tradizionale indiana narra di Narada che chiese al suo maestro, il Signore Vishnu, chi fosse il suo più grande devoto. Per tutta risposta, il Signore Vishnu indicò una persona fuori dalla finestra e rispose: "È quel contadino laggiù". Narada guardò sorpreso quell'uomo e decise che avrebbe osservato attentamente ciò che faceva per un giorno intero.

Ogni mattina, quando si svegliava all'alba, il contadino pronunciava una volta il nome del

Signore Vishnu e poi cominciava la sua faticosa giornata di lavoro. Quando tornava a casa la sera, prima di coricarsi ripeteva un'altra volta il nome Divino. Com'era possibile che Vishnu lo ritenesse il Suo più grande devoto?

Se ci rivolgiamo a Dio con innocenza, dal profondo del cuore e focalizzati completamente su di Lui, la nostra preghiera, anche se consiste solo di qualche parola, arriverà immediatamente a destinazione. Agire in modo responsabile e sincero è il mezzo con cui esprimere la nostra devozione. Non è difficile intenerire il cuore di Dio.

Ci sono persone che ambiscono a stare vicino ad Amma (spesso spingendo via gli altri), guardarla a lungo e toccarla mentre passa, ma se la nostra pratica si limita a questo non andremo molto lontano. Una devozione folle può accentuare la nostra esaltazione, ma quando questa ondata emotiva si smorza potremmo ritrovarci a essere uguali a prima, profondamente egoisti.

La triste verità è che, a volte, alcuni cosiddetti 'devoti' si comportano in modo molto meschino. La devozione non ci aiuterà, a meno che non diventi uno strumento per esprimere nobili qualità.

La gente si chiede spesso come utilizzare al meglio il proprio tempo con Amma; io credo che la risposta sia coltivare la sincerità, una delle doti più importanti di un ricercatore spirituale. Coloro che sono capaci di sviluppare questa qualità magica vivono un'esistenza piena di grazia. La vita non è mai facile, ma la sincerità permette alla grazia di fluire e aggirare gli ostacoli.

Coltivando la sincerità, si smette di pensare solo ai propri bisogni e desideri e si comincia a rivolgere la propria attenzione all'aiuto che si può offrire agli altri. Laddove esiste la sincerità, la grazia si manifesta automaticamente.

Quando compiamo del servizio disinteressato e accettiamo di assumerci compiti e responsabilità oltre a quelli assegnati, potremmo sentirci maggiormente sotto pressione e stressati, ma infine saremo ricompensati ricevendo tantissima grazia. La vita ci presenta molte avversità, è un fatto inevitabile; a questo punto, perché non dedicarsi con abnegazione a una buona causa?

La grazia si rivela attenuando le nostre difficoltà, rendendole un po' più sopportabili. Man mano che la nostra accettazione aumenta, la mente trova sempre più pace.

Non tutti sono benedetti dall'avere un corpo in buona salute che gli permetta di lavorare quanto vorrebbero, ma persino in questo caso, se siamo pronti a offrire il nostro sincero aiuto anche nelle piccole cose, cominceremo ad essere meno egoisti, e questo è lo scopo della spiritualità.

Coloro che sono sinceri potrebbero non essere sempre accanto ad Amma, non avere la più bella voce quando cantano o non essere abbastanza fortunati da porgerle il *prasad* (offerta benedetta), ma per loro è importante prendersi cura delle attività di Amma; spesso le sono lontani perché lavorano in cucina, puliscono i bagni o svolgono altri compiti distanti fisicamente da lei.

L'amore di Amma scorre copioso verso chi si impegna con il giusto atteggiamento, apre il proprio cuore e offre un piccolo spazio agli altri nella sua vita. Occorre maturità mentale per dimenticare i propri desideri e occuparsi dei problemi del prossimo.

Una delle organizzatrici dei programmi europei di Amma si sentì amareggiata nel ricevere un lieve rimprovero da Amma. L'ultimo giorno, mentre il programma stava giungendo alla conclusione, Amma dichiarò che non era stato ben organizzato. La donna si giustificò dicendo: "Amma, altre persone si occupavano di questo aspetto!"

Ma Amma insistette: "Sai quanti pasti sono stati serviti durante il programma?" La devota dovette ammettere che non aveva nessun dato riguardante la ristorazione.

Allora Amma le spiegò che dar prova di un'autentica sincerità sarebbe stato conoscere ogni aspetto del programma, soprattutto perché questa donna era una degli organizzatori. Invece di presumere che altri avrebbero svolto i compiti in sua vece, avrebbe dovuto controllare ogni area e assicurarsi che tutti i volontari lavorassero correttamente.

Agire in modo responsabile e sincero è prova di una devozione vera e profonda e tale devozione dovrebbe servire da pietra miliare nella nostra relazione con Amma.

In un'altra circostanza, il *brahmachari* responsabile di organizzare il programma non si presentò in anticipo sul luogo dell'evento ma arrivò assieme a noi, nel camper di Amma. Durante il tragitto, Amma si volse verso di lui e disse: "Avresti dovuto precederci e controllare che tutto fosse pronto. Saresti dovuto andare nelle cucine e assicurarti che ci fosse abbastanza cibo per tutti".

L'osservazione di Amma si rivelò fondata. Durante il primo giorno del programma finì il cibo e la mattina dopo le persone che arrivarono avevano molta fame e le file per la colazione erano lunghissime. Amma spiegò che, per dimostrare la sua sincerità verso di lei, il *brahmachari* avrebbe dovuto accertarsi che ci fosse cibo sufficiente per tutta la durata dell'evento.

Potremmo pensare: "Io sono responsabile di un particolare settore e quindi non tocca a me occuparmi di questo o di quello", ma Amma ricorda ripetutamente e fermamente ai suoi discepoli che questo modo di pensare non è corretto. Assumetevi la vostra responsabilità, controllate che ci sia abbastanza cibo e assicuratevi che venga presa in considerazione ogni cosa in tutti i reparti, sono le sue raccomandazioni.

La sincerità è certamente una delle qualità più preziose e non è così difficile da coltivare. Non occorre neppure essere bravi in un particolare campo, è sufficiente aprire il proprio cuore ed essere disposti a impegnarsi fino in fondo. Se riuscite a unire l'entusiasmo alla sincerità, sarete una fonte di gioia per chi vi circonda. La gente saprà che siete il tipo di persona che la aiuterà nel momento del bisogno e questo è un atteggiamento molto raro nella società egoista in cui viviamo.

La vita di Amma è il paradigma della sincerità, dell'entusiasmo e di molto altro, ecco perché tantissimi ricercatori spirituali di tutto il mondo accorrono da lei.

Qualche anno fa, al termine di un programma del tour dell'India del Nord, un *brahmachari* stava spazzando la strada. Quando lo vidi pensai: "Che meraviglia! Mi piacerebbe trovare una scopa e unirmi a lui", ma sapevo che le persone non mi avrebbero permesso di farlo a lungo. Provavo un po' d'invidia e continuavo a pensare: "Che cosa fantastica poter pulire umilmente la strada!"

Confidai ciò che sentivo a una *brahmacharina*.

"Oh sì, l'ho visto anch'io", ammise, "ma in quel momento ho pensato: 'Hmmm, meglio far finta di niente e cambiare direzione il più in fretta possibile prima che si accorgano che sto guardando questa scena, altrimenti si aspetteranno che mi metta anch'io a fare lo stesso!'

La grazia fluisce verso di noi in base al nostro atteggiamento mentale. È triste notare che, quando si presenta l'opportunità di compiere una buona azione, la risposta della maggioranza della gente sia: "Oh no, fammi andare il più velocemente possibile nella direzione opposta per non rischiare di rimanere intrappolata e dover fare qualcosa che non ho voglia di fare, specialmente se Amma è lontana e non può notarmi!"

Il giorno dopo, mentre eravamo in viaggio ebbi occasione di parlare ad Amma del *brahmachari* che aveva pulito la strada e mi sentivo molto orgogliosa di raccontarglielo. Aspettai con impazienza il momento giusto. "Amma, sai cosa ha fatto quel *brahmachari*?" Volevo mettere in buona luce qualcuno ed ero impaziente di poter esprimere il mio apprezzamento. "Lo so, lui fa sempre cose del genere", mi rispose. Conosceva la sua sincerità e sapeva di poter contare su di lui, certa che avrebbe svolto il compito affidatogli ponendo attenzione al più piccolo dettaglio. Non era la prima volta che l'uomo si comportava in quel modo.

Qualche anno più tardi, mentre stavo scrivendo questo libro, trovai questo episodio tra i miei appunti e si risvegliò in me il desiderio di spazzare. Stavamo svolgendo il tour dell'India del Sud e il giorno dopo arrivammo a Mangalore: la sera Amma salì sul palco per servire la cena a tutti i presenti nella sala.

Prima che arrivasse, notai che i devoti incaricati di tracciare il cammino di Amma (gli stessi che avevano steso un tappeto rosso e decorato sapientemente la facciata dell'edificio) avevano scelto un percorso che terminava davanti a una rampa di scale molto ripida, quando dall'altra parte i gradini per accedere al palco erano decisamente meno alti.

Chiesi a un volontario se poteva farsi aiutare a modificare il percorso, ma mi rispose che prima doveva svolgere altri compiti e così decisi di farlo da sola. Trovai delle persone disposte ad aiutarmi e tutti insieme spostammo il tappeto, ridisegnando il percorso verso i gradini meno ripidi. Più tardi mi accorsi che c'era della sabbia sui tappeti e, quando i devoti si allontanarono per andare a cenare con Amma, cominciai a spazzare, non essendoci nessuno ad impedirmelo.

Mentre lo facevo mi venne da sorridere: non erano passate 24 ore da quando avevo riletto l'episodio di quel *brahmachari* e Amma aveva già soddisfatto il mio desiderio di spazzare. Amma non ci delude mai e realizza ciò che desideriamo in un modo o nell'altro e al momento giusto.

Affinché il nostro rapporto con lei sia autentico e sincero, dobbiamo esprimere la nostra devozione in tutte le azioni: questa è vera spiritualità. Se manca la sincerità, tutto ciò che solitamente classifichiamo come 'spirituale' (come ripetere il mantra, meditare o perfino indossare abiti che danno un look spirituale o applicare dei segni sulla fronte) è incompleto.

Quanto siamo fortunati quando ci viene offerta l'occasione di diventare 'spirituali' nel senso più vero del termine, aiutando gli altri con garbo e spontaneità. In quei momenti, di certo Dio guarda giù e sorride. Non diamo valore ai piccoli gesti di gentilezza e questi momenti possono non sembrare così spirituali, ma in realtà essi sono la spiritualità nella sua forma più alta.

Amma dice che l'etica professionale e la disponibilità ad assumersi responsabilità rivelano quanto si è sinceri.

È importante sforzarci costantemente di fare del bene anche quando non ne abbiamo voglia, soprattutto nel caso non ne abbiamo voglia. Siamo soliti trascorrere la maggior parte del tempo inseguendo i nostri desideri; in tal modo, tendiamo a prendere costantemente. Impariamo invece a dare e cerchiamo di emulare Amma.

Finché possiamo e prima che sia troppo tardi, dovremmo sforzarci di coltivare nuove abitudini positive. Le circostanze della vita mutano assai velocemente e occorre molto tempo per trasformare se stessi. Sviluppare buone abitudini è difficile e richiede parecchio tempo, ma vale decisamente la pena farlo. Le buone abitudini ci danno la forza per avanzare nel cammino che ci porta a comprendere la nostra vera natura, il perché siamo su questa Terra: non siamo nati unicamente per vivere e morire come individui limitati.

Se nella vita siamo sinceri e abbiamo fede in Amma come nostra guida, tutte le nostre carenze saranno colmate dalla Grazia divina.

Una devota pregava ogni giorno di poter camminare da sola con Amma sulla spiaggia, camminava avanti e indietro sulla spiaggia recitando l'*archana* (preghiere) e visualizzando di stringerle le mani. Una notte, mentre passeggiava con un'altra ragazza, Amma venne alla spiaggia da sola. Mentre la sua compagna tornava di corsa all'ashram per informare tutti, la giovane camminò a lungo sulla spiaggia con Amma, tenendole le mani e parlando con lei.

Amma è un flusso di amore che dona sempre più di quanto potremmo mai immaginare. Di fatto abbiamo bisogno della grazia del Guru per raggiungere la meta: non ce la faremo mai da soli, indipendentemente dal nostro grado di concentrazione, ed è per questo che dobbiamo coltivare assoluta sincerità e vera devozione verso il nostro Guru.

Il viaggio per divenire persone autentica-mente compassionevoli e altruiste è lento, ma la presenza di Amma è una benedizione molto profonda, che ci ricorda chi possiamo diventare.

Capitolo 12

Il rimedio divino

*"Soltanto una vita vissuta per gli altri è
una vita che vale la pena di vivere".*

— *Albert Einstein*

Il servizio disinteressato è la pratica spirituale
più semplice e più piacevole, il modo più efficace
per purificare i pensieri che si susseguono nelle
nostre menti inquiete e senza pace.

Non è difficile entrare in sintonia con la
volontà divina, si tratta di essere concreti e capire con chiarezza cosa fare per poi compiere in
modo altruistico il necessario. Da soli potremmo
non riuscire, ma la nostra unione con Amma
compirà miracoli.

Per giorni avevo notato quanto fossero sporche le sedie di fronte al *kalari* (tempio). Erano
almeno cinquanta e non volevo incomodare
nessuno chiedendo di pulirle, avrei voluto farlo

io stessa. Accennai quanto avevo notato al *pujari* (sacerdote) del *kalari*, dicendogli che bisognava fare qualcosa per migliorarne l'aspetto. Mi suggerì di comprarne di nuove, ma io sapevo che si potevano pulire.

Pianificai la mia strategia: cercai online il modo più efficace per smacchiare le sedie di plastica e guardai parecchi video che illustravano diverse tecniche. Il primo video consigliava di utilizzare getti d'acqua ad alta pressione, ma sapevo che non potevamo sprecare la quantità d'acqua richiesta. La seconda opzione era la verniciatura a spruzzo, ma mi sembrò che il suggerimento migliore fosse pulirle con parecchia candeggina, strofinarle energicamente e poi risciacquarle. Mi resi conto che per me questa era l'unica scelta fattibile (usando molta meno candeggina, nociva per l'ambiente).

Mi misi infine all'opera. Trovai una spugnetta, presi una bottiglia di candeggina, la misi vicino alle sedie ammucchiate e poi cominciai con la prima sedia; la strofinai delicatamente per un minuto mentre la gente che passava accanto mi guardava, ma nessuna macchia sembrava scomparire e così portai la sedia nel mio ufficio per pulirla adeguatamente senza essere osservata. Non volevo che le persone pensassero che avrebbero dovuto aiutarmi.

Mi sarebbe piaciuto poter pulire da sola le 40-50 sedie, ma dopo poco dovetti rinunciare a malincuore. Nonostante tutti i miei sforzi la sedia era sempre sudicia e così la rimpilai scoraggiata, sentendomi di avere fallito. Tuttavia l'indomani Amma rispose alle mie preghiere organizzando un'enorme festa per pulire le sedie.

Ecco il resoconto di un residente dell'ashram che narra molto bene cosa accadde:

"Durante Onam (una delle festività più importanti del Kerala) e nell'intero periodo delle vacanze estive (agosto e settembre) moltissime persone desiderano trascorrere questi giorni di festa con Amma. In queste occasioni, prendiamo le migliaia di sedie sistemate in magazzino e le portiamo nell'ashram: spostarle, organizzare e pulirle è uno dei miei compiti.

Una sera notai che le cataste di sedie nuove erano molto più pulite di quelle vecchie. A quel tempo svolgevo questo *seva* con un altro volontario e assieme a lui decisi di mettere in fondo all'auditorium le sedie vecchie e sporche e di collocare quelle più belle nella sala da pranzo in modo che tutto fosse gradevole esteticamente. Quando finimmo, andai in camera e cominciai a leggere i miei appunti sui *satsang* di Amma.

Qualche mese prima Amma ci aveva raccontato la storia di un maestro che aveva chiesto ai discepoli di cogliere un particolare frutto in un certo giardino. Quando i discepoli andarono nel giardino, videro un enorme masso che bloccava l'ingresso e decisero così di rinunciarvi; tornarono quindi dal maestro dicendogli che non era possibile fare ciò che aveva chiesto. Notando che mancava un discepolo, il maestro chiese sue notizie. Nessuno ne sapeva nulla e così il maestro decise di andare a cercarlo. Lo trovò all'ingresso del giardino mentre cercava con tutte le sue forze di spostare il masso.

'Cosa stai facendo?' gli chiese.

'Cerco di rimuovere la pietra per poter entrare e cogliere il frutto' rispose il ragazzo.

'Pensi davvero di riuscirci?'

Il discepolo rispose: 'Maestro, so che è un'impresa impossibile, ma è mio dovere fare un tentativo perché questa è la tua richiesta. Solo la tua grazia può renderla fattibile'.

Commosso dall'atteggiamento di abbandono del discepolo, il maestro toccò il masso e lo mandò in mille pezzi, portando così alla luce le pietre preziose e i diamanti custoditi al suo interno.

Il mattino dopo, mentre attraversava l'auditorium per andare a guidare la meditazione dei residenti dell'ashram e poi servire il pranzo a tutti, Amma si fermò improvvisamente e cominciò a parlare con le persone che la circondavano indicando le sedie; sembrava dare molta importanza all'argomento. Infine, dopo un momento di pausa, riprese il cammino.

Qualche ora più tardi, durante il suo darshan, Amma chiamò un devoto e gli disse che bisognava ripulire le sedie e gli chiese di cominciare da una sedia rosa particolarmente sporca che presentava numerose e indelebili macchie grigie apparse anni prima, causate probabilmente da sostanze chimiche.

L'uomo prese la sedia e si mise a pulirla assieme a un altro devoto davanti alla casa di Amma finché non splendette come nuova.

Ignaro di ciò che era accaduto, più tardi andai nella sala da pranzo per disporre come facevo abitualmente le sedie per i *bhajan* e la cena. Mentre Amma distribuisce il pranzo, le sedie vengono spostate qua e là dai devoti ed è mio compito rimetterle a posto.

La responsabile di questo settore mi disse che Amma aveva chiesto di ripulirle e rimetterle tutte a nuovo e me ne indicò una che aveva una chiazza grigio scura che avrei dovuto rimuovere.

'No, no, impossibile!' esclamai. 'Quella macchia è una decolorazione prodotta da agenti atmosferici. Non si può'.

La donna replicò obiettando: 'L'hanno fatto questo pomeriggio, vai a vedere!' Mi diressi allora verso la dimora di Amma e vidi una sedia rosa brillante che splendeva al sole.

Presi una spazzola metallica e sospirai: sembrava proprio che si potessero togliere quelle macchie grigie e, sebbene fossi incaricato di tenere pulite le sedie, ignoravo questo fatto.

Una parte di me cominciò a perdere il controllo e nella mente s'insinuò il pensiero: 'Amma deve odiarmi. Come può aspettarsi che io pulisca ogni singola sedia?' Sospirai profondamente e poi decisi di ignorare quella voce.

Mi dissi: 'Sono qui per servire il mondo e devo cercare di seguire le parole di Amma', determinato a tentare di pulire una sedia.

Continuavo a confrontare i miei risultati con quella smagliante sedia rosa appena lavata; ne guardavo le gambe, il lato esterno e interno e controllai il mio lavoro tre volte per essere sicuro che la mia fosse perfettamente pulita.

Alcuni mi chiesero cosa stessi facendo. Una ragazza in particolare s'incuriosì e così le spiegai che Amma aveva chiesto di pulire tutte le sedie fino a farle tornare come nuove.

La giovane si guardò intorno con stupore: 'Tutte?', domandò, 'Ma sono migliaia. È compito tuo?'

Le dissi che, essendo incaricato di disporre le sedie nell'auditorium, lo ritenevo parte del mio dovere, ma aggiunsi che pensavo fosse irrealizzabile poterlo fare da solo; per me, l'unica soluzione era dare a ogni persona dell'ashram una sedia da pulire. Nel frattempo, avrei continuato nel mio impegno.

Quella sera Amma uscì per i *bhajan* e al termine del primo o secondo canto iniziò a parlare a lungo delle sedie dicendo a tutti che era stanca di vederle sporche.

Di solito Amma vede il bene in ogni cosa, ma al tempo stesso lei è il giardiniere e un giardiniere nota anche lo sporco. Disse: "Prendete del sapone liquido rosa[2] e la parte fibrosa della noce di cocco. Tutti nell'ashram devono pulire una sedia!" Doveva averlo pianificato perché l'occorrente era già in fondo all'auditorium.

Chiesi se potevo trasporre queste istruzioni su PowerPoint per proiettarle sullo schermo, in modo che chi non capiva il malayalam (la lingua di Amma) sapesse cosa fare.

Al termine dei *bhajan* vidi una grande folla intorno al materiale per pulire. Pensai: 'Wow, sono già tutti all'opera! Hanno saltato la cena per pulire le sedie'. Mi avvicinai per controllare e chi vidi? Amma, che distribuiva personalmente

---

[2] La miscela di sapone rosa di Amritapuri è prodotta a Coimbatore, presso il campus dell'Università Ettimadai di Amma, ed è stata realizzata da un chimico di Mumbai, in modo che abbia un minore impatto ambientale rispetto ai normali saponi in commercio in India.

a ogni residente dell'*ashram* una sedia. Quel giorno aveva già distribuito il pranzo e adesso era la volta delle sedie. A dire il vero, tutti erano entusiasti di pulire perché Amma era lì con loro.

In qualche modo mi ritrovai proprio vicino a lei mentre porgeva le sedie e le rimasi accanto per un po', guardandola agire. Fu la cosa più strana della mia vita... negli ultimi due anni avevo accatastato e tolto dalla pila queste sedie.

Era come se Amma fosse venuta nella mia stanza a pulirla.

Era sorprendente osservarla: pareva dimorare in un altro stato di coscienza. Distribuiva le sedie velocemente ed efficientemente, le sollevava con un dito e ammoniva gridando chi la guardava senza far nulla. Distribuiva sedie sporche e pulite, ognuna doveva essere lavata e tornare come nuova.

Sentii che tutto questo simboleggiava molto bene il percorso spirituale e l'ashram di Amma: sia che siamo spiritualmente maturi o pieni di incorreggibili tendenze negative, Amma ci ripulirà tutti, facendoci tornare come nuovi.

Poi lei si mise a lavare personalmente le sedie. Ne trovò una che sembrava irrimediabilmente sudicia e si mise a strofinarla con la fibra di cocco. Dopo qualche minuto afferrò una spazzola di metallo per togliere le macchie più tenaci (quelle che ero certo non sarebbero mai sparite), mostrandoci come fare e in questo modo riuscì a rimuovere quelle profonde macchie scure.

Poi, all'improvviso, aveva finito. Cominciò a giocare con i bambini intorno; sembrava una bambina rilassata. Alla fine tornò nella sua camera e preparò del *chai* per tutti, che venne distribuito dai *brahmachari* assieme a rondelle di banana fritte.

Questa è stata la cosa più straordinaria che mi sia mai accaduta. Avevo la sensazione che ogni angelo ed essere divino fosse sceso dal paradiso per unirsi a noi in questo *seva*. Tutti noi cantavamo e danzavamo mentre pulivamo.

Le persone suonavano strumenti, lavoravano insieme e si aiutavano mirabilmente. Alcuni avevano in mano il tubo di gomma dell'acqua e risciacquavano le sedie, altri distribuivano l'occorrente per pulirle, altri ancora erano occupati a strofinare. Regnava un'immensa gioia, sembrava la grande festa di pulizia delle sedie. Mi sembrava di vivere in una delle storie narrate in *Awaken Children* o forse in un film di Disney.

Una giovane si graffiò la mano con la spazzola, ciò nonostante rifiutò di tornare a casa. Un'altra bambina diceva alla madre protestando: 'Non voglio andare a dormire!'

L'atmosfera vibrava di energia e molti di noi restarono lì fino alle tre del mattino a pulire tutte le sedie che trovavamo in ogni angolo dell'ashram. Decisamente questo fu per me l'episodio più divertente che abbia mai vissuto nell'ashram.

Non abbiamo trovato tutte le sedie e ce ne sono ancora tante da pulire, ma un compito impossibile, che avrebbe richiesto un anno intero per essere completato, fu svolto in una sola notte per grazia di un Maestro perfetto.

Per pulire i diversi tipi di macchie siamo ricorsi a strategie e strumenti disparati. Analogamente, il maestro spirituale ci fornisce diversi strumenti per rimuovere le impurità dalla nostra mente: *bhajan*, *seva*, meditazione e *japa*. Alcune di queste tecniche vanno svolte quotidianamente ma a volte, in occasioni speciali, Amma usa la 'spazzola di metallo' per detergere in profondità la nostra mente.

In questo caso, ha usato le sedie".

Ero sbalordita nel vedere come Amma avesse soddisfatto il mio desiderio di pulire le sedie nel modo più pratico: facendoci lavorare tutti assieme. Nonostante i miei sforzi per pulirle al meglio, in nessun sito online si menzionava la profonda forza detergente del sapone liquido rosa (che si dimostrò più smacchiante della candeggina e meno nocivo per l'ambiente) e della fibra di cocco.

Non sarebbe stato possibile portare a termine un compito così grande da soli, ma quando lavoriamo insieme ad Amma avvengono davvero miracoli.

Quando aiutiamo gli altri, dimenticando noi stessi e senza aspettarci nulla in cambio, diventiamo uno strumento perfetto per ricevere la Grazia divina.

Capitolo 13

Un fior di loto si schiude

*"Se non riusciamo a pensare solo agli altri
per un giorno,
facciamolo allora per mezza giornata.
Se non riusciamo a pensare solo agli altri
per mezza giornata,
facciamolo allora per due ore.
Se non per due ore,
allora per un'ora.
Se non per un'ora,
allora per un minuto".*

— *Taitetsu Unno*

Le persone fanno sempre domande ad Amma sulla grazia. Sappiamo di averne disperatamente bisogno per rendere fruttuosa e dolce la nostra vita, ma l'interrogativo rimane: come ottenere la grazia?

Amma risponde che la grazia può entrare e fluire solo se teniamo aperte le porte del nostro cuore. A cosa serve sedere in una stanza chiusa e lamentarsi che manca l'aria e la luce del sole? Dobbiamo aprire le finestre per godere della luce e dell'aria, ma come aprire la finestra del nostro cuore?

La risposta di Amma è chiara: "Per aprire il cuore è molto importante lo sforzo personale. Viaggiare con Amma è un pellegrinaggio e non un viaggio di piacere" (anche se i pellegrinaggi con Amma sono il piacere più grande).

Per illustrare il ruolo dello sforzo personale, Amma racconta questa storia: "Desideroso di aiutare un suo allievo solito ad addormentarsi in classe, l'insegnante gli disse che ogniqualvolta si sentisse assonnato durante le lezioni avrebbe dovuto sollevare un masso di otto chili. In breve tempo lo studente vinse la sonnolenza, rimase attento nelle ore di scuola e cominciò ad ottenere buoni voti".

Viaggiare con Amma presenta molte analogie con questa storia: le persone potrebbero pensare che chi viaggia assieme a lei abbia una vita facile e viva nel lusso sfrenato, ma questo è spesso lontano dalla verità ed è persino ridicolo. Molte volte accade proprio il contrario e ci si trova ad affrontare sfide inattese e risolvere situazioni difficili.

Anche solo camminare con lei attraverso la folla può essere pieno di pericoli, bisogna rimanere costantemente vigili. Amma è spesso scortata dalla polizia o da esuberanti agenti di sicurezza che hanno ricevuto ordini su come proteggerla, ma per loro io sono una figura invisibile o, peggio ancora, vengo percepita come una possibile minaccia essendo troppo vicina a lei. I poliziotti allungano spesso le braccia per impedirmi di starle accanto e, con riluttanza, devo farmi strada tra di loro per svolgere il mio compito e rimanerle accanto.

Un'infinità di persone che allunga le mani per cercare di toccare Amma potrebbe inavvertitamente graffiarmi il viso o provocarmi un livido sulle braccia durante i pochi minuti in cui camminiamo verso il palco. Sto però acquisendo maggiore forza e un po' più di saggezza dall'imparare a destreggiarmi tra la folla.

Non è certamente facile stare con Amma, ma è in assoluto la più grande benedizione possibile.

Negli anni l'ho sentita spesso incoraggiare gli studenti a impegnarsi seriamente negli studi. Preghiamo per ricevere la Grazia, ma bisogna anche fare la nostra piccola parte studiando e sforzandoci al massimo delle nostre capacità. Non possiamo riuscirci salendo semplicemente sulle ali della grazia. L'impegno attrae la grazia. Quando Amma parla del fluire copioso della grazia nella vita, la associa sempre all'impegno; vanno mano nella mano: prima l'impegno, poi la grazia.

Dedicandoci completamente a ciò che facciamo riceveremo diversi benefici e, anche quando non otterremo ciò che speravamo o sognavamo come ricompensa dei nostri sforzi, potremmo accorgerci che, grazie all'esercizio fisico compiuto lavorando, la salute è migliorata e la mente è più aperta. Il servizio disinteressato (*seva*) ci aiuta a scavare più profondamente in noi e far emergere il nostro potenziale nascosto.

Se non compiamo nessuno sforzo resteremo sempre individui ordinari e mediocri; tutti noi ci comportiamo in questo modo, non c'è nessuno che si sforza davvero di fare del suo meglio... nessuno, tranne Amma.

Lei ci ispira a raggiungere altezze tali che non avremmo mai immaginato possibili. Ci accontentiamo di restare piantati a terra, ma con garbo e grande dolcezza Amma accende sotto di noi un fuoco e alimenta questa fiamma finché sfrecciamo in alto, verso le stelle, verso l'infinito... verso il Divino.

Quando nel 2015 il Nepal fu colpito da devastanti terremoti, ricevetti un'email da un devoto che si trovava in quel Paese per fare un'escursione. Quando vidi l'autore del messaggio mi preoccupai pensando che fosse in pericolo e avesse bisogno di aiuto.

Al contrario, mi scriveva che desiderava aiutare le persone colpite dal disastro e mi disse che sul posto c'erano altri devoti di Amma; tutti volevano dare una mano e offrire la massima assistenza. Invece di cercare di fuggire da quel luogo pericoloso e mettersi in salvo, questi devoti erano disposti a rischiare la vita e aiutare chi era in difficoltà. Avevano la sensazione che l'addestramento ricevuto da Amma fornisse loro il coraggio e le abilità pratiche per servire nel mezzo del disastro.

Questo loro comportamento è solo un esempio della bellezza che Amma è capace di risvegliare e far emergere in noi, ovvero l'aspirazione a uscire dal proprio sé limitato e rivolgere l'attenzione ai bisogni degli altri e non pensare per tutto il tempo solo ai nostri problemi.

Avremo indubbiamente fatto del bene in passato per godere della grazia di stare con Amma e adesso viviamo attingendo solo ai nostri risparmi spirituali. Continuiamo dunque a compiere opere buone quando è possibile, per non rischiare di trovarci a un certo punto senza più grazia; seguitiamo a depositare azioni positive sul conto del buon karma.

Se vi impegnate al meglio e con il giusto atteggiamento, dimenticandovi di voi stessi, e cercate di fare ciò che è giusto al momento giusto, allora la grazia sicuramente vi raggiungerà. Otterrete il successo desiderato e infine conseguirete il vostro obiettivo ma... questo risultato richiede enorme impegno.

Ecco una storia che illustra questo punto:

"Mio figlio è nato con un deficit mentale profondo e ho dedicato tutta la mia vita a lui. Segue una dieta speciale, come mi hanno raccomandato i medici, gli cucino sempre cibo *sattvik* (puro), eseguo quotidianamente con lui gli esercizi prescritti e gli sto insegnando lentamente l'*archana*.

Ogni giorno ha bisogno di molta assistenza: ha convulsioni con perdita di conoscenza e spesso lo devo portare all'ospedale, a volte nel cuore della notte. Se smette di respirare, devo praticargli la respirazione assistita.

Negli ultimi dieci anni è cambiato notevolmente: quando era molto piccolo era incapace di muoversi e di pensare, aveva un comportamento molto aggressivo, dava sempre calci, mordeva e rifiutava tutto. Ho faticato parecchio, ma adesso è un bambino calmo, dolce e affabile.

Quando andai per la prima volta nell'*ashram* di Amma, il mio più grande desiderio era vivere con lei. Le chiesi se potevamo trasferirci ad Amritapuri e lei acconsentì immediatamente. Quando mi informarono che i residenti dovevano svolgere otto ore di *seva* al giorno, risposi: 'Non preoccupatevi, io ne faccio 24!'.

Quando il mio visto scadde tornai nel mio Paese perché sapevo che avrei dovuto ottenere un altro tipo di visto per i residenti a lungo termine. Per questioni politiche, l'ambasciata indiana del mio Paese non rilascia un visto a lungo termine, ma io decisi comunque di fare un tentativo.

I documenti che consegnai all'ambasciata erano tutti corretti e completi, ma i funzionari pensavano che la foto di mio figlio non fosse abbastanza chiara e me ne chiesero un'altra. La nuova foto era di buona qualità ed era sufficientemente nitida, ma non volevano che il bimbo tenesse la bocca aperta. 'Non può chiudere la bocca', spiegai, 'è un bambino che ha esigenze particolari... posso tenergliela chiusa io, non rimane chiusa da sola'.

Mentre cercavo di capire come muovermi, mio figlio si ammalò gravemente e dovetti portarlo di corsa all'ospedale dove venne subito ricoverato in Terapia Intensiva. Avevo incontrato così tanti ostacoli e ora lui era di nuovo in Terapia Intensiva e non c'era modo di ottenere un visto per tornare in India. Cercai di non perdere la speranza.

Ogni giorno mi svegliavo alle tre del mattino per tornare a casa e cucinare i suoi pasti perché l'ospedale non poteva fornire la dieta di cui aveva bisogno. Per il resto del tempo stavo seduta accanto a lui e gli recitavo l'*archana*. Giorno e notte, servivo incessantemente mio figlio.

Ogni volta che affioravano dubbi o venivo presa dall'ansia, portavo la mia attenzione sui Nomi Divini e ogni timore spariva. Potevo sentire nella mia mente la risata di Amma che scacciava tutti i demoni, e io ridevo con lei.

Mi sforzavo di vedere ogni persona come un'incarnazione del Divino. Invece di arrabbiarmi, cercavo di onorare tutti mentalmente: l'ospedale, l'uomo che non ci concedeva il visto, e tutti quanti gli ostacoli.

Mentre trascorrevo queste lunghe ore seduta nella camera dell'ospedale, spesso pensavo profondamente ad Amma e pregavo: 'Per favore Amma, Ti prego, permettimi di onorare tutti così come so che fai tu'.

Poi, senza che facessi altro, tutti gli ostacoli vennero rimossi. Mio figlio migliorò durante la notte, un fatto completamente inaspettato. Sembrava un puro miracolo. Migliorò così tanto che i medici ci permisero di uscire un'ora dall'ospedale. Lo portai subito dal fotografo per una nuova fotografia.

Questa volta la fotografia fu accettata dall'ambasciata indiana, nonostante la bocca di mio figlio fosse sempre aperta. I funzionari ricontrollarono tutti i miei documenti e notarono un foglio non firmato, ma non potevo farci nulla: il mio governo si era rifiutato di firmare.

Una dirigente governativa molto compassionevole che, sebbene non mi conoscesse aveva preso a cuore la mia situazione, esclamò: 'L'ambasciata

indiana sta cercando di metterle i basto-
ni tra le ruote. È una follia!' Prese in
mano il telefono e chiamò l'ambasciata,
perorando la mia causa. 'State chiedendo
qualcosa che è illegale in questo Paese,
sapete bene che non posso firmare quel
documento!' esclamò.

I funzionari indiani risposero: 'Abbiamo bisogno di questo documento altrimenti non rilasceremo il visto'.

La donna sbottò: 'Ma è impossibile,
state bloccando la gente che si rivolge a
voi! Non potete concedere semplicemente
il permesso?' Le chiusero il telefono in
faccia.

Quando mio figlio si rimise completamente, tornai di nuovo all'ambasciata,
ma questa volta assieme a lui. L'uomo che
ci aveva ostacolato così fermamente lo
guardò e poi accettò la nostra richiesta:
ricevemmo il visto a lungo termine.

Ebbi la sensazione che Amma stesse
ridendo di gioia per ciò che era successo.
So di non avere fatto nulla di speciale per

guadagnarmi la sua grazia; la accorda così facilmente.

A volte le persone pensano che la Grazia di Dio pioverà dal cielo e rimuoverà gli ostacoli grazie alle loro preghiere, ma io desidero ricordare loro le parole di Amma: 'La Grazia di Dio nasce dalle buone azioni che avete compiuto. Null'altro'. La grazia giunge a noi perché abbiamo fatto del bene".

A dire il vero, la scelta che abbiamo nella vita è piuttosto limitata. Un po' frustrante, non è vero? La maggior parte delle persone non sopporta sentirsi dire che il suo libero arbitrio è così limitato. L'unica scelta a nostra disposizione è compiere o meno qualcosa di buono adesso. Se scegliamo di fare del bene, queste azioni si manifesteranno come grazia in futuro.

Ci piace pensare di essere i padroni del nostro destino, ma in effetti tutto ciò che abbiamo compiuto in passato produrrà un giorno i suoi frutti karmici. Dobbiamo accettare le conseguenze del nostro passato qui e ora, scalciare e gridare non scaccerà il nostro destino karmico, indipendentemente dalle convinzioni che abbiamo a riguardo.

La terza legge della dinamica di Newton afferma che ad ogni azione corrisponde una reazione uguale e contraria e questo fatto è vero tanto nella spiritualità quanto nella fisica.

Ogni volta che convinciamo noi stessi a imboccare una buona strada invece di una cattiva, cancelliamo lentamente le cattive abitudini sviluppate in passato e riduciamo parte del karma negativo che ci era destinato.

Sforziamoci perciò di coltivare abitudini positive. Tutto quello che facciamo adesso, tutti gli schemi che stiamo elaborando plasmeranno il nostro futuro. Possiamo rendere il nostro futuro luminoso realizzando ora qualcosa di meraviglioso. Questa è la scelta che abbiamo.

Sforziamoci così di fare qualcosa di incredibilmente semplice, ma estremamente bello, per qualcun altro.

Capitolo 14

Un miracolo impossibile

"Le sventure possono portare crescita e illuminazione", dichiarò il Maestro. "Ogni giorno", disse, "un uccello si rifugiava tra i rami secchi di un albero che si ergeva in mezzo a una vasta pianura deserta. Un giorno una tromba d'aria lo sradicò, costringendo il povero uccello a volare per centinaia di chilometri in cerca di un altro riparo, finché giunse a una foresta di alberi carichi di frutti. Se l'albero secco non fosse stato sradicato", concluse il Maestro, "l'uccello non sarebbe stato spinto a rinunciare alla propria sicurezza e a volare via".

— Anthony de Mello, sacerdote gesuita

Amma dice che un *Sadguru* (grande Maestro) può togliere parte del karma che dovremo vivere, ma non è detto che lo eliminerà del tutto. La grazia del Guru può cambiare il nostro destino fino a un certo punto, ma non rientra nel modo di agire di Amma rimuovere completamente il nostro karma. Perché dovrebbe opporsi alla Volontà Divina?

Amma sa che tutto nella creazione funziona perfettamente e che per noi è necessario passare attraverso il ciclo del karma; fa parte del nostro processo di apprendimento. Quindi, in definitiva, il ciclo divino è perfetto nel suo svolgimento.

Qualsiasi azione compiamo nella vita produce inevitabilmente dei frutti e, al fine di progredire, dovremo raccogliere i risultati del nostro karma. In realtà è sorprendente notare come, anche quando compiamo azioni negative che ci torneranno inevitabilmente indietro, il Divino ce le invia sempre nel modo che ci spingerà a una maggiore crescita interiore.

Spesso sono proprio le difficoltà e le sofferenze che tanto cerchiamo di evitare a condurci alla spiritualità e, infine, a un senso di pace più profondo.

Ecco il racconto ispirante di un devoto che illustra bene questo punto:

"Quando sono nato, i dottori dissero a mia madre che non c'erano molte speranze per me: avevo un tumore al cervello.

Fin dai primi stadi della gravidanza, mia madre sapeva che c'era qualcosa che non andava. Soffriva talmente da dover rimanere a letto per mesi e nessuno fu in grado di spiegarle la causa dei dolori.

Subito dopo la mia nascita, i miei genitori trascorsero ore a interrogare un medico dopo l'altro, alla ricerca di qualcuno che infondesse loro un briciolo di speranza. Infine trovarono un chirurgo che accettò di operarmi. Non avevo neanche tre giorni di vita.

Mi trasportarono in elicottero in un ospedale specializzato lì vicino. Durante l'intervento rischiai di morire più di una volta per arresto cardiaco. Sembrava un miracolo impossibile, ma in qualche modo sopravvissi.

Durante l'infanzia ero spesso debole e malaticcio, ma fu solo a otto anni che ebbi il primo attacco epilettico generalizzato. Sentivo di stare per abbandonare il corpo, e poi all'improvviso 'io' non c'ero più. Persi conoscenza per ore. Qualche mese più tardi ebbi un altro attacco.

Il dottore spiegò che probabilmente in alcune aree del cervello c'erano cicatrici dovute all'intervento e riteneva che questa potesse essere la causa delle mie crisi.

Fui sottoposto a una terapia farmacologica molto forte che mi procurava effetti collaterali quali torpore e disturbi di memoria. Spesso dovevo rinunciare alla scuola perché ero troppo debole per frequentarla. La cosa peggiore però era la paura: pur essendo ancora un bambino, avevo già fatto esperienza di qualcosa di molto vicino alla morte e sapevo che mi sarebbe potuto accadere di nuovo, inaspettatamente e in qualsiasi momento.

Nella mia anima nacque un profondo desiderio di ricerca: volevo sapere dove 'io' ero andato quando avevo perso conoscenza. Sapevo che in quel momento non ero più nel corpo, ma non capivo dove fossi andato.

I miei genitori mi inviarono da una psicologa pensando che mi avrebbe aiutato ad essere meno ansioso. La donna mi suggerì d'imparare a meditare.

Ero cresciuto in una famiglia non particolarmente interessata alla spiritualità, ma quando iniziarono gli attacchi epilettici mi sentii spinto verso il sentiero spirituale.

All'inizio il mio movente non fu l'amore, ma la paura e un travolgente desiderio di comprendere. La sofferenza mi condusse sul cammino spirituale e da questa sofferenza è nato un sincero e ardente anelito di Dio.

Avevo quattordici anni quando cominciai a desiderare intensamente un maestro spirituale. Mi piacevano le meditazioni che facevo, ma sapevo che mi occorreva qualcuno dal quale poter imparare direttamente. Amma aveva un *ashram* vicino a dove abitavano i miei genitori e, anche se non ci eravamo mai stati, chiesi a mio padre di accompagnarmi a visitarlo. In quel periodo Amma era in India, quindi comprammo la sua biografia per saperne di più su di lei.

Mi innamorai.

Lessi e rilessi la biografia. Mentre i miei amici uscivano a bere, io stavo a casa a leggere, recitare *mantra* e meditare.

Talvolta il mio migliore amico mi telefonava e mi diceva: "Dài, vieni con noi. Non devi per forza bere... vorrei solo che venissi con noi. Le feste non sono divertenti senza di te". Ma i nostri cammini si erano divisi e io riagganciavo e riprendevo la mia *sadhana* (pratica spirituale).

Quando i miei genitori vollero farmi un regalo per il mio diciottesimo compleanno, chiesi un biglietto aereo di sola andata per l'India (me ne comprarono uno di andata e ritorno). Il giorno del mio arrivo ad Amritapuri era il diciottesimo anniversario dell'operazione che mi aveva salvato la vita e fu allora che mi resi conto che la presenza sottile di Amma era stata con me fin dall'inizio.

Quando tornai in Europa dopo aver trascorso tre mesi ad Amritapuri, la mia vita cambiò. Mi trasferii subito nell'*ashram* vicino a casa. Ero ancora troppo malato per avere un impiego fisso, ma potevo fare *seva* e così mi immersi completamente nel servizio disinteressato.

Dopo aver incontrato Amma, pensavo di poter seguire tutte le indicazioni sulla pratica spirituale che dà alle persone sane. Digiunavo una volta la settimana, dormivo solo cinque ore per notte e non mi risparmiavo.

Avevo ancora molte crisi epilettiche parziali e un forte e costante dolore allo stomaco causato dai farmaci che mi tenevano in vita.

Cominciai a stare sempre peggio. Quando Amma venne nella mia città, le parlai della mia situazione. Preoccupata, esclamò: 'Digiunare? Stai prendendo dei farmaci, non puoi digiunare! Devi fare tre pasti al giorno e mangiare sempre alla stessa ora'.

Questa è stata la prima di una serie di lezioni più profonde.

Non volevo essere di peso a nessuno, ma solo compiere il mio *seva* come tutti gli altri. Il problema era che, quando svolgevo troppi compiti, avevo un crollo fisico: cominciavo a vomitare senza fermarmi o a stare talmente male da non poter neppure alzarmi dal letto, a volte persino per settimane.

Ebbi un altro attacco epilettico generalizzato (grande male). Ora capisco cosa significa quando la gente dice di 'aver visto la vita scorrere davanti agli occhi'. Quando persi conoscenza, vidi la mia vita scorrermi davanti e sentii il mio 'Sé' volare via. Durante questa crisi, per la prima volta mi sentii completamente rilassato. Avvertivo intensamente la presenza di Amma e mi sentivo in pace e felice. Ero in grado di accettare completamente la situazione.

Per un momento aleggiai sopra il mio corpo, immerso nella beatitudine, finché uno spintone mi riportò giù. Per un istante resistetti, ma poi mi arresi, accettai la spinta e rientrai nel corpo. In un istante ero qui, piegato in due dai dolori.

Durante i *satsang*, Amma racconta questa storia che mi tocca profondamente: si tratta dell'episodio nel quale orsi e scimmie erano impegnati a costruire un ponte con Rama per collegare l'India allo Sri Lanka. Con le loro zampe gli orsi trasportavano enormi massi ed erano in grado di portarne parecchi. Tra tutti questi aiutanti c'era anche uno scoiattolino che si sentiva molto triste: anche lui avrebbe voluto partecipare, ma riusciva a trasportare solo un sassolino. Così gli venne un'idea: si tuffò nell'acqua e poi si rotolò nella sabbia, corse fino al ponte e scrollò la sabbia tra le rocce. In questo modo, lentamente, depositò sul ponte manciate su manciate di sabbia. Alla fine, fu la sabbia ad agire come cemento e a tenere insieme quei grandi massi.

Le piccole azioni dello scoiattolo erano tanto importanti quanto le grandi imprese degli orsi. Non sarebbe stato possibile costruire il ponte senza il suo contributo.

Quando Amma tornò nella mia città, mi chiamò da parte e mi disse: 'Ci sono così tanti nuovi arrivati qui. Mostra loro dove possono trovare acqua da bere e cibo'.

Il compito affidatomi da lei era una risposta alle mie preghiere. Non potevo fare i lavori pesanti che avrei voluto, ma Amma mi offrì la possibilità di servire i suoi figli in modo utile. Non ero in grado di svolgere il *seva* impegnativo del compostaggio, né pulire per lunghe ore le pentole, ma le persone che aiutai erano sempre molto grate per la mia assistenza. Era poca cosa, ma facevo quello che potevo. Sorridevo e offrivo il mio aiuto. In seguito, molti vennero da me a ringraziarmi per averli guidati ad orientarsi il giorno dell'arrivo. Mi dissero che l'avevano apprezzato tantissimo e quanto si erano sentiti ben accolti nell'incontrare qualcuno che si era preso cura di loro.

Per me, questa fu un'esperienza incredibile: mi resi conto che ogni dettaglio è importante. Non occorre compiere imprese grandiose perché anche il gesto più piccolo può significare molto. Un semplice saluto, un sorriso, o anche solo scambiare una parola gentile, può fare un'enorme differenza.

Così, il mio concetto di spiritualità è cambiato. La disciplina è diventata prendermi cura del mio corpo in modo da poter essere d'aiuto. Prima concepivo la spiritualità sostanzialmente come digiuno e *tapas* (austerità), ma ora cerco di vederla in tutto.

Non mi aspetto che Amma rimuova la mia malattia. Lei mi dà qualcosa di molto più grande: una ragione per cui vivere. Mi infonde la forza di accettare la mia situazione e di vivere la vita appieno; mi ha insegnato che è sempre possibile trovare un modo per dare ed è il dare che porta la vera gioia.

Sento la grazia di Amma ogni giorno, nella quiete della meditazione profonda, nel sorriso di un amico affettuoso e nella gioia di aiutare qualcuno in difficoltà.

Molte volte ciò che ci appare come una situazione difficile o un periodo duro è in realtà una benedizione sotto mentite spoglie, un grande insegnante che ci è stato inviato per aiutarci a crescere spiritualmente. Amma dice che, indipendentemente dalle circostanze della vita, 'la felicità è una decisione. È la decisione che qualsiasi cosa accada, sarò felice'.

La mia più grande speranza è quella di trasformare le difficoltà e le sfide in momenti di grazia che mi aiutino a progredire e raggiungere infine il più alto obiettivo della vita.

Ancora oggi mi capita di essere ricoverato, ma ogni volta che poi sono alla presenza di Amma, le mie sofferenze svaniscono e il mio cuore trova la pace".

Dobbiamo credere che qualsiasi cosa ci accade proviene da Dio ed è sempre per il nostro bene e per la nostra crescita. Pregate pure chi volete, ma tenete in mente ciò che vi ho appena detto:

quello che ci arriva è sempre per il meglio. Spesso preghiamo per cose da cui non trarremo molto beneficio invece di affidarci alla volontà di Dio. Recentemente hanno chiesto ad Amma se va bene pregare per soddisfare le nostre piccole richieste o se tali richieste incidono sul quantitativo di grazia che ci è concesso, e quindi ne avremo meno quando chiederemo cose più importanti.

Amma ha risposto che "Non è così che opera la grazia. La grazia è illimitata", e poi ha continuato dicendo che è bene offrire a Dio tutti i nostri desideri, anche i più piccoli, ricordando nel contempo che ciò che ci accade fa parte del piano divino, e il Suo piano è migliore del nostro. Un uomo mi raccontò che una notte stava guidando verso casa e che cominciava ad avere sonno. In quel momento, la polizia gli intimò di accostare perché stava superando di poco il limite di velocità. Molte persone in questa situazione si sarebbero irritate, ma lui mi disse che non era mai stato così felice di vedere un agente. Quell'incontro lo svegliò completamente e lo salvò da un possibile incidente.

Quando ci succedono cose positive, abbiamo l'occasione di esprimere la nostra gratitudine e ringraziamento a Dio; quando ci accadono cose spiacevoli, è bene cercare di avere lo stesso atteggiamento. Apriamo pure il nostro cuore a Dio e confidiamoGli i nostri desideri, ma sforziamoci anche di accettare la situazione in cui ci troviamo.

Se sappiamo accogliere con grazia tutte le esperienze, consapevoli che celano un'importante lezione, allora affronteremo sempre i problemi della vita con gioia e gratitudine. Le situazioni difficili si presentano solo per renderci più forti. Come recita un detto: "Ciò che non ti uccide ti fortifica!"

Capitolo 15

Abbandonarsi alla pace

*La vita ci dà sempre esattamente l'insegnante di
cui abbiamo bisogno ad ogni istante:
ogni zanzara,
ogni sventura,
ogni semaforo rosso,
ogni ingorgo stradale,
ogni capo o impiegato odioso,
ogni malattia o perdita,
ogni momento di gioia o di depressione,
ogni dipendenza,
ogni rifiuto della spazzatura
ogni respiro.
Ogni momento è il guru.*

— *Joko Beck*

A volte ci deprimiamo pensando alle nostre esperienze negative e difficoltà passate o a quelle a cui potremmo andare incontro in futuro e spesso ci lamentiamo dicendo che le cose non funzionano per colpa di qualcun altro. Ci potrebbe essere utile ricordare che, se vedessimo le esperienze difficili in modo ottimistico, potremmo accorgerci che non tutto il male viene per nuocere.

Dobbiamo cercare il buono che si cela in ogni situazione. Il pensiero positivo ha davvero il potere di cambiare il nostro destino e forse guardare il lato positivo della vita non è così difficile come crediamo.

Magari, come suggeriscono i seguenti versi, è solo un gioco da bambini:

"Quando guardo un'aiuola di denti di leone, vedo un mucchio di erbacce che invaderà il mio cortile. I miei figli vedono fiori per la mamma e pilucchi bianchi da soffiare esprimendo un desiderio.

Quando guardo un vecchio ubriaco che mi sorride, vedo una persona puzzolente e sporca che probabilmente vuole del denaro e distolgo lo sguardo. I miei bambini vedono qualcuno che sorride loro e ricambiano il sorriso.

Quando sento la musica che amo, consapevole di essere stonata e di non tenere bene il ritmo, mi siedo timidamente e ascolto. I miei bambini sentono il tempo e si muovono al ritmo della musica, cantano le parole della canzone e, se non le conoscono, se le inventano.

Quando il vento soffia sul mio viso, cerco di resistergli. Sento che mi sta scompigliando i capelli e mi spinge indietro quando cammino. I miei bambini chiudono gli occhi, spalancano le braccia e volano con esso, finché non cadono a terra ridendo.

Quando prego, dico: 'Te, Tu, e concedimi questo, dammi quello'. I miei bambini esclamano: 'Ciao Dio! Grazie per i giocattoli e gli amici. Ti prego, fa' che non abbia brutti sogni stasera. Mi dispiace, non voglio ancora andare in Cielo: mi mancherebbero la mia mamma e il mio papà'.

Quando vedo una pozzanghera fangosa, la aggiro. Vedo scarpe fangose e tappeti sporchi. I miei bambini ci entrano e ci si siedono. Vedono dighe da costruire, fiumi da attraversare e vermi con cui giocare.

Mi chiedo se i bambini ci vengano dati per insegnare loro cose o per imparare da loro. Non c'è da meravigliarsi che Dio ami i bambini! Godete delle piccole cose della vita perché un giorno potreste guardarvi indietro e capire che erano grandi cose.

— *Anonimo*

Se non è piacevole la situazione in cui siamo, allora sta a noi cercare di modificarla o di allontanarci... Ma la verità è che spesso e volentieri il mondo esterno non ci permette di cambiare le circostanze. Cosa possiamo fare, allora? Abbiamo una sola scelta: cercare di modificare il nostro modo di vedere le cose.

Quando lottiamo contro le circostanze, dando tutto per scontato o biasimando o giudicando in modo affrettato, la nostra vita diventa estremamente sgradevole. Tutto ciò che ci viene

dato è esattamente quello di cui abbiamo bisogno. Potrebbe essere una verità scomoda, ma
con questa comprensione possiamo vivere al
meglio la vita.

Il mondo intero, ogni elemento del creato
sta evolvendo seguendo il proprio schema sta-
bilito, quindi perché desiderare che le cose siano
diverse? Tutto ciò che ci si presenta, persino le
esperienze più dolorose, ha lo scopo d'insegnarci
lezioni importanti.

Ecco una storia di Anthony J. De Mello che
illustra bene questo punto:

"C'era una volta un rabbino che la gente
venerava come un uomo di Dio. Non
passava giorno senza che una folla di persone si radunasse davanti alla sua porta
chiedendo un consiglio, una guarigione
o la benedizione del sant'uomo.

Fra i presenti c'era però un individuo
piuttosto antipatico che non perdeva mai
l'occasione di contraddire il maestro: ne
osservava le debolezze e ne ridicolizzava
i difetti con sgomento dei discepoli del
rabbino, che cominciarono a vedere in
quest'uomo l'incarnazione del diavolo.

Un giorno il 'demone' si ammalò e morì. Tutti tirarono un sospiro di sollievo. Per rispetto alle convenzioni, la gente assunse un atteggiamento adeguato alle circostanze, sebbene in cuor suo fosse contenta della sua scomparsa. La maggior parte delle persone rimase però sorpresa nel vedere il maestro sinceramente affranto.

Quando più tardi un discepolo gli chiese se fosse addolorato per la sorte di quell'uomo, il sant'uomo rispose: 'No, no. Perché dovrei compiangere il nostro amico che adesso si trova in cielo? È per me che sono triste. Quell'uomo era l'unico amico che avevo. Qui sono circondato da gente che mi venera, lui solo mi metteva alla prova. Temo che senza di lui smetterò di crescere'. E mentre diceva queste parole scoppiò in lacrime".

Due persone potrebbero vivere lo stesso tipo di dolore, ma se una lo osserva con una mente capace di discernimento e spirito di accettazione, troverà presto la pace. Se l'altra invece si limita a lamentarsi tutto il tempo, non finirà mai di soffrire. Sono l'atteggiamento e il modo in cui guardiamo le situazioni che ci infondono la forza necessaria per accettarle.

Amma è un catalizzatore divino che ci permette sia di coglierne i frutti sia di alleggerire il nostro karma. Questo processo avviene automaticamente, a prescindere dal fatto che una persona le sia fisicamente vicina o lontana; l'unica condizione è essere pienamente focalizzati su di lei. In tutto il mondo, sono tantissimi i miracoli avvenuti in risposta alle preghiere rivolte ad Amma.

Parlando con i devoti, si possono ascoltare testimonianze dell'incredibile grazia che si è manifestata nella loro vita o in quella di persone che conoscono. Questo non significa che tutti i problemi e i mali che ci affliggono scompariranno automaticamente. Amma non rimuove tutti i nostri ostacoli, ma quando la situazione ci sembra intollerabile, riduce spesso la nostra angoscia e sofferenza e ci infonde la forza per gestire le difficoltà. Questa è la bellezza e la saggezza dell'amore divino e materno che ha per noi.

Ecco la lettera che un devoto mi ha inviato. Sentendosi triste per la perdita della madre, aveva bisogno di condividere i suoi sentimenti:

"... Solo un breve messaggio prima della tua partenza. Ti penso e prego per te mentre stai per rimetterti in viaggio. Non lavoro da due mesi ormai, quindi al momento non ho purtroppo la possibilità di viaggiare e incontrare la Madre. Spero che, quando sarai sulla costa orientale (degli Stati Uniti, N.d.T.), riuscirò a venire in auto a Washington e partecipare al programma. Come sempre, tutto è nelle mani di Dio.

Negli ultimi giorni ho avuto moltissima nostalgia della Madre. Ero triste pensando a quanto avesse sofferto mia madre e sentivo il dolore di tantissimi esseri umani. Non amo particolarmente essere triste e mi sforzo di pregare e di trasformare questo sentimento in qualcosa di positivo (anche se la maggior parte delle volte fallisco miseramente).

Le vie di Dio sono assai diverse dalle mie. Alcuni giorni riesco a fare un passo dopo l'altro e a lavorare con tutto me stesso, mentre in altri sono sopraffatto dalla tristezza.

Negli ultimi giorni della sua esistenza, mia madre ha sofferto tantissimo: non riusciva a lasciarsi andare. Per un giorno intero si è lamentata nel suo letto d'ospedale come un animale ferito, scalciando e urlando. Nonostante gli sforzi non siamo riusciti a confortarla e a consolarla e dopo qualche ora abbiamo rinunciato a calmarla. Mio fratello mi ha aiutato a porre dei cuscini ai lati del letto per impedire che si facesse male quando si dimenava.

Le dicevo: 'D'accordo mamma, capisco la tua frustrazione e la tua rabbia. Vedo che questo è un momento duro per te. Vai avanti, lotta finché ne hai bisogno, noi faremo in modo che non ti faccia male'.

Ha continuato a ringhiare e a dimenarsi finché alla fine ha smesso, esausta. Era la drammatica immagine di come mi comporto io quando non mi arrendo alla volontà di Dio.

Nella mia anima a volte resisto alla fonte stessa dell'amore, esigendo che sia come la voglio io, ma mi rendo conto che dire 'No!' a Dio porta sempre sofferenza. Sto cercando d'imparare dall'esperienza di mia madre.

La resa, la vera resa, è molto più difficile di quanto sembri.

Spesso, è la paura che mi guida mio malgrado, e così oggi faccio un altro tentativo. Prego di nuovo, ripetutamente, per avere la capacità di arrendermi a Lei, al Suo amore, alla Sua guida e alla Sua volontà.

Molte volte mi dibatto e non accetto la volontà di Dio. Prego affinché si aprano gli occhi della mia anima e sia in grado di fare questo cammino con fede e gratitudine e non con paura.

Sono sovente egoista, infantile e pigro, ma nonostante questo Amma è molto paziente con me e ogni volta mi riporta sulla retta via. Che io possa

imparare ad abbandonarmi, così che alla
fine dei miei giorni lasci questo mondo con meno sofferenza di quella a cui
ho assistito durante il trapasso di mia
madre... Questa è la mia preghiera".

La vita non è mai facile, specialmente quando
si è nella prova, ma dovremmo cercare di non
perdere mai la speranza. La disperazione non farà
che accrescere la nostra sofferenza. Se preghiamo
sinceramente di avere la forza di cui abbiamo
bisogno, la riceveremo e riusciremo a superare
ogni avversità. Con la grazia, possiamo affrontare quello che ci accade. Non ci viene mai dato
più di quello che siamo in grado di sopportare.
Dio sa cosa è meglio per noi, anche se a volte
sembra difficile crederlo.

Un uomo che stava per avere il darshan
chiese ad Amma: "Perché Dio ci ha dato questa
nascita umana?"

Amma rispose: "Figlio, ora non stare a
preoccuparti di tutte queste cose. Il fatto è già
accaduto e tu sei già nato. Adesso sforzati di
trovare il modo, grazie a questa incarnazione,
di aiutare gli altri".

Quando si attraversano momenti duri, è estremamente difficile praticare l'abbandono e l'accettazione, ma appena si inizia ad amare Amma, tutto diventa un po' più dolce e molto più semplice.

Capitolo 16

Il dolore del mondo

*"L'amore e la compassione sono necessità, non lussi.
Se non ci fossero, l'umanità non
potrebbe sopravvivere".*

— *Dalai Lama*

Quando dobbiamo affrontare con dolore un karma che non può essere cambiato o alleggerito, dobbiamo ricorrere alla fede e alla preghiera. La grazia di Dio può scorrere in noi sotto forma di forza, resa e accettazione.

Ci viene spesso ricordato che la nostra natura interiore è onnipotente, poiché il Divino giace dormiente in tutti noi. Siamo stati creati a immagine e somiglianza di Dio. Se ci sforziamo di rivolgerci all'interno e attingere pienamente al nostro potenziale, scopriremo di essere in grado di sopportare qualsiasi karma. Quando si presentano delle sfide, dobbiamo capire come attingere a questa riserva interiore di potere.

A volte sembra impossibile trovare il lato positivo delle situazioni, ma purtroppo questo è l'unico modo in cui talora il karma si manifesta. Anche se in questi momenti Amma non toglierà il dolore, se glielo permettiamo, ci aiuterà a trovare la forza per far fronte a ciò che è inevitabile.

Ecco la testimonianza di un'altra ospite dell'orfanotrofio di Amma che rivela il potere dell'animo umano di sopportare qualsiasi avversità:

"Mi chiamo Lakshmi. Sri Mata Amritanandamayi Devi è mia madre; per 'madre' intendo colei che mi ha resa chi sono oggi.

Non so nulla della mia nascita, di dove sono nata o della mia casa, e non conosco nemmeno il nome di mio padre. Il nome della mia madre biologica è Leena. Questa è la mia storia:

I miei genitori erano innamorati, ma dopo il matrimonio mio padre cominciò a mostrarsi per quello che era. Iniziò a bere e presto divenne un fatto all'ordine del giorno vederlo tornare a casa ubriaco e maltrattare mia madre. Quando avevo circa tre anni e mezzo mi portarono all'asilo. Un giorno mio padre si presentò lì ubriaco e picchiò la maestra. Da allora non ho più messo piede in una scuola.

Ho due fratelli e una sorella più piccola. I miei fratelli se ne andarono presto di casa non sopportando più la miseria e gli abusi paterni. Mia madre, mia sorella ed io fummo in grado di sopravvivere solo mendicando. Quando non potevamo uscire a mendicare o non ricevevamo elemosine, pativamo la fame. Gli abiti che indossavamo erano tutti stracciati.

Avevamo una piccola capanna in cui poterci coricare e dormire. Un giorno mio padre tornò a casa ubriaco e le diede fuoco, così cominciammo a dormire sulle verande dei negozi. Incapace di sopportare il peso di questa povertà estrema, mia madre portò mia sorella in riva al mare e la annegò nell'acqua. Quando venne a prendermi, scappai.

Cominciammo a chiedere l'elemosina sui treni. Un giorno, mentre ci trovavamo da qualche parte nel Tamil Nadu, all'avvicinarsi del treno mia madre mi afferrò e cercò di mettere le nostre teste sui binari. Spinta dalla paura riuscii a liberarmi, ma mia madre morì lì.

In seguito qualcuno mi prese per mano e mi portò a casa sua. Non avevo ancora compiuto cinque anni. Quest'uomo aveva bisogno di una domestica, ma ben presto capì che il mio corpicino denutrito era troppo debole per accudirlo e così da quel momento smise di darmi da mangiare e cominciò a picchiarmi. Infine decise di riportarmi dove mi aveva trovata.

Un vicino venne a conoscenza di cosa mi era successo e mi portò all'orfanotrofio di Amma a Parippally. Ecco come è cominciato il rapporto tra Amma e me.

Quando si avvicinarono le vacanze per la festa di Onam, vidi tutti prepararsi per tornare a casa (molti bambini avevano una casa, ma i loro genitori non erano in grado di occuparsi di loro e per questo vivevano a Parippally). Mi sentivo triste: non avevo una casa, una madre, non avevo nessuno. Poi uno *swami* mi disse che mi avrebbe portata da una madre piena di amore. Le parole dello *swami* erano vere. Quando ricevetti il mio primo darshan, sentii dentro di me immenso amore per Amma.

Quando Amma seppe che non sapevo né leggere né scrivere, mi insegnò lei stessa. Cominciò con l'alfabeto. Mentre dava il darshan mi faceva sedere accanto a lei e scriveva le lettere dell'alfabeto malayalam su una lavagna. Così ho imparato a scrivere e a leggere in sua presenza. Da allora, si è sempre assicurata che avessi tutto quello che mi occorreva.

Quando si avvicinò la sua partenza per il tour dell'India del Sud, le chiesi se potevo andare con lei. Mi rispose che mi avrebbe portata con sé solo se avessi scritto quello che mi aveva insegnato e glielo avessi mostrato. Mi impegnai duramente e soddisfeci queste condizioni e così, per la prima volta, viaggiai con lei fino a Madurai. Nonostante fosse molto occupata, soleva chiamarmi nella sua stanza.

Quando avevo circa vent'anni, Amma mi chiese se volevo vivere nell'ashram o se preferivo sposarmi. Le risposi che volevo sposarmi. In poco tempo mi trovò un marito, celebrò le mie nozze e mi donò i tradizionali gioielli d'oro e il sari da indossare per l'occasione.

Oggi abbiamo due figli. Grazie alla bontà di Amma, la nostra vita è molto felice. Ora, quando andiamo all'ashram, lei ci riceve con gioia, accogliendoci proprio come qualsiasi madre accoglierebbe una figlia sposata.

Non posso neppure immaginare una vita senza Amma".

Forse spesso pensiamo di avere molti problemi, ma capire che nel mondo tantissima gente soffre immensamente (e non vive una situazione di lieve disagio come spesso accade a noi) ci aiuterebbe ad aprire gli occhi ed essere più umili.

Malgrado la sofferenza presente nel mondo d'oggi, non ci accorgiamo di quanto siamo fortunati. Se tutti noi facessimo un mucchio con le nostre difficoltà e fossimo capaci di vedere quello fatto da altri con le loro, vorremmo riprendere velocemente il nostro. Siamo davvero molto più fortunati della maggior parte delle persone. Ecco qualche dato su cui riflettere:

l'80% della popolazione mondiale vive con meno di dieci dollari al giorno;

un miliardo e trecento milioni di persone vive con meno di 1,25 dollari al giorno (il 30% di questi indigenti vive in India);

805 milioni di persone in tutto il mondo non hanno abbastanza cibo;

oltre 750 milioni di persone non hanno un accesso adeguato all'acqua potabile;

un miliardo di bambini vive nell'indigenza e 22.000 di loro muoiono ogni giorno a causa della miseria.

Viviamo in un mondo disperatamente iniquo, nel quale le 62 persone più ricche del mondo detengono un patrimonio pari a quello di metà della popolazione mondiale!

Se godete di buona salute, avete un frigorifero fornito, possedete vestiti, avete un tetto sopra la testa e un posto in cui dormire, siete più ricchi della gran parte della popolazione mondiale.

Se non avete mai fatto esperienza dell'orrore della guerra, della solitudine di una cella, del dolore della tortura o del rischio di morire d'inedia, allora state meglio di milioni di persone.

Sono migliaia coloro che vengono ogni giorno a ricevere l'abbraccio di Amma per cercare di fuggire dal dolore delle loro vite difficili e trovare una soluzione ai loro problemi.

Amma ha condiviso con noi una storia dolorosa esemplificativa, una delle tante che le vengono raccontate durante il darshan. C'era una famiglia di quattro persone: madre, padre e due bambini. Entrambi i genitori lavoravano. La madre preparava il cibo e poi andava al lavoro. A pranzo mangiava quello che aveva preparato, ma un giorno una delle verdure usate per cucinare si deteriorò e divenne tossica.

Dopo avere pranzato, la donna morì per intossicazione alimentare. Quando il marito ricevette la notizia, il suo pensiero andò immediatamente ai figli che avrebbero mangiato gli stessi alimenti. L'uomo non aveva un cellulare e così saltò sulla sua motocicletta e si precipitò alla scuola dei figli per impedire loro di assaggiare quel cibo.

Disgraziatamente, nel tragitto ebbe un incidente e morì. Non fu in grado di evitare che i suoi figli mangiassero le stesse verdure ed essi subirono il destino della madre.

Questa è solo una delle innumerevoli vicende incredibilmente tristi che Amma sente mentre siede per ore e ore ogni giorno, ascoltando una persona dopo l'altra mentre le racconta le proprie tragedie o i propri successi.

Amma sa che la compassione è la migliore soluzione ai problemi del mondo. Naturalmente questo non significa che bisogna scoppiare a piangere a dirotto mossi dalla compassione per gli altri, ma che dovremmo cercare soluzioni positive e pratiche, che aiutino a risolvere i problemi. La compassione concreta, sul campo, è la vera soluzione da attuare nelle difficili situazioni del mondo d'oggi. Seguendo questo principio, Amma mangia il minimo indispensabile ogni giorno. Partecipe del dolore di tutti quelli che soffrono, prende il minimo per se stessa e si sforza di dare il massimo alla società.

Una residente dell'ashram mi ha raccontato che un anno in cui Amma dava darshan estremamente lunghi, proprio pochi giorni prima del tour europeo, era talmente esausta che aveva detto: "Non ce la faccio più. Sto per svenire… sto per svenire. Preparatevi ad afferrarmi".

Questa donna, che stava accanto ad Amma ad aiutare i devoti ad alzarsi in piedi dopo avere ricevuto l'abbraccio, non sapeva se reggere queste persone o reggere Amma. Era molto dispiaciuta per le condizioni fisiche di Amma. Fu a quel punto che, come spesso accade, Amma ordinò: "Chiamate altre cinquanta persone per il darshan!"

Amma va sempre oltre il punto di sfinimento, quello in cui voi o io potremmo decidere che non possiamo più continuare; supera questo limite costantemente e fa sempre di più, ma con amore, non con riluttanza come faremmo noi se cercassimo di emularla. Amma sa che, se si è animati da un puro amore, si può compiere qualsiasi cosa.

Nell'ultimo tour, quando arrivammo in Svizzera, Amma era stremata e così dolorante che si muoveva a fatica. Appena giunse nella sua camera crollò sul letto (preparato per lei sul pavimento).

Un paio di ore più tardi, mentre stavamo allestendo i tavoli con i vari libri, oggetti, ecc, da vendere il giorno dopo, chi arrivò nella sala da pranzo per servire a tutti il cibo? Amma…

Indipendentemente da come stia, non c'è proprio nessun modo d'impedirle di cercare di rendere tutti felici. In nessun'altra parte del mondo troveremo questo compassionevole amore divino e l'abnegazione che osserviamo in Amma. La profondità della sua compassione è inimmaginabile.

Capitolo 17

Abbracciare la vita

"Abbandonati alla grazia.
L'oceano si prende cura di ogni onda
finché non giunge a riva.
Ti viene dato molto più aiuto
di quanto tu non sappia".

— *Rumi*

È davvero incredibile quello che possiamo realizzare quando mettiamo tutto il nostro impegno e sfruttiamo l'enorme potenziale che abbiamo dentro di noi. È sempre molto ispirante incontrare o ascoltare chi ha superato i limiti che soliamo porci.

Ecco la storia vera di un ragazzo che affrontò le avversità unicamente con il potere della gentilezza.

In Inghilterra viveva un adolescente che si sentiva molto triste e solo per la perdita del padre, morto di tumore al cervello. Nel suo armadietto a scuola custodiva alcune foto del padre, ma dei ragazzi le strapparono e lo derisero.

Per molto tempo il giovane si rinchiuse completamente in se stesso finché un giorno decise di fare uno sforzo per superare il suo dolore aprendosi agli altri e compiendo qualcosa di molto semplice, solo per gentilezza.

Cominciò con l'aprire il portone della scuola augurando il buongiorno a chiunque entrasse. Pur non essendo nulla di speciale, questo gesto ebbe un profondo impatto sulle persone della scuola, non abituate a ricevere tali attenzioni.

Il ragazzo diventò un esempio da seguire e lentamente influenzò molti suoi compagni di classe incoraggiandoli ad essere forti, coraggiosi e ad andare oltre i propri problemi per aiutare gli altri. Infine il giovane divenne un oratore pubblico e un leader capace di ispirare le persone. Tutto questo nacque dal piccolo seme di un pensiero altruista e dal coraggio necessario per portare a termine un gesto semplice e gentile.

Se cerchiamo di cambiare e stiamo facendo del nostro meglio per migliorare il nostro modo di agire, pian piano le nostre sofferenze finiranno per diminuire. Quando distogliamo l'attenzione dai nostri bisogni e iniziamo a pensare a come aiutare gli altri, il mondo diventa un po' più luminoso e, tutto sommato, non così terribile.

Non sono le imprese grandiose a renderci migliori, ma le piccole azioni che compiamo con un atteggiamento positivo. L'esempio migliore è rappresentato dall'abbraccio di Amma, la quale sta trasformando il mondo, abbraccio dopo abbraccio. Indipendentemente dalle difficoltà che incontriamo, se ci aggrappiamo alla fede e ci sforziamo di essere gentili, possiamo affrontare ogni situazione.

Nonostante tutte le nostre difficoltà, giungere alla sacra presenza di Amma ci rende tra le persone più fortunate del pianeta, avendo l'opportunità di testimoniare in prima persona della gioia e dell'amore che lei dona al mondo. La sua compassione e la fede sincera dei devoti fanno in modo che il suo tocco trasformi la vita delle persone.

Ecco la bellissima testimonianza di una devota che racconta come Amma l'abbia cambiata:

"Amma mi ha salvato la vita. Letteralmente. Sono abbastanza certa che avrei messo fine a questa vita preziosa se non fosse stato per lei e per come mi ha guidata fino a trovare esattamente ciò di cui avevo bisogno per superare uno dei periodi più difficili del mio cammino.

Ho lottato contro la depressione e l'ansia fin da quando avevo circa sette anni e mio padre morì in un incidente stradale. Da allora ho passato la maggior parte del tempo a cercare il modo di guarire la bambina che sembrava fosse rimasta intrappolata in quel momento, congelata.

Avevo circa quarant'anni quando la mia vita andò a rotoli. Il mio lavoro di psicoterapeuta andò allo sfascio e così pure la mia salute mentale. Persi la casa e iniziai a vivere in un'auto.

Trascorrevo i giorni recitando il mio mantra, guardando le fotografie dei miei santi e avatar preferiti e invocando tra le lacrime la Madre. Il mattino presto e la sera tardi ero occupata a escogitare strategie per nascondermi da guardiani di parchi, cacciatori e animali di grande taglia perché dormivo nelle riserve naturali e in foreste remote.

Quando Amma venne nella mia città, sentii che nonostante si fosse presa cura di me per undici anni come mio Guru, quello che stavo per ricevere avrebbe potuto essere il mio ultimo darshan. Non avevo ancora pianificato nulla, ma non volevo più stare in questo corpo. Ero stremata.

Appena mi sedetti nella fila per ricevere il darshan, mi sentii molto lontana da me stessa. Quando giunsi davanti ad Amma, non la guardai: mi vergognavo troppo. Non le dissi nulla di quello che provavo. Durante l'ultimo darshan avevo pianto singhiozzando tra le sue braccia e non avrei potuto sopportare di nuovo una serie di persone che, avendo visto il mio darshan, mi avrebbe chiesto cosa non andasse.

Quando Amma mi attirò a sé, non sentii nulla. Mi tenne stretta a lungo, sussurrandomi intensamente qualcosa nell'orecchio. Il bisbiglio si fece sempre più forte e deciso. Rimasi allibita nell'accorgermi che mi stava parlando in inglese. Mi sforzai di essere più attenta ed ascoltare. Non potevo credere alle mie orecchie. 'Io voglio vivere. Io voglio Vivere. Io voglio VIVERE. IO VOGLIO VIVERE!'

Mentre Amma continuava a ripeterlo, pensavo: 'O mio Dio, lo sa!' e poi: 'Ovvio che lo sappia!'

Mi fissò profondamente negli occhi. In quel momento feci l'esperienza di quello che Amma intendeva quando aveva pronunciato quelle parole. 'Io - il Sé Eterno - vuole vivere in me, attraverso di me, con me'.

In una frazione di secondo sentii una pace profonda, una consapevolezza, una presenza vivente non toccata dal fantasma della depressione e dell'ansia che si camuffava come 'mia' identità.

Amma fece un gesto indicando lo spazio a lato della sua sedia, ma prima di farlo mi porse una mela assieme al mio *prasad*. Mi sedetti vicino a lei e il suo sussurro prese ritmo nella mia mente: 'Io voglio vivere. Io voglio vivere. Io voglio vivere'. Cominciai a ripetere queste parole come se fossero un mantra che mi aveva appena dato. Per la prima volta riuscii a identificarmi con il mio Vero Sé, la Madre Eterna, dentro di me. Amma aveva piantato un seme.

Passò un altro mese, ma continuavo ad essere depressa. Essendo io stessa una psicoterapeuta, sapevo che gli psicofarmaci erano l'ultima spiaggia e non volevo prenderli, ma sentii di non avere scelta. Pur non essendo completamente convinta di voler vivere, Amma mi aveva dato un assaggio così dolce di chi fossi veramente che decisi di non togliermi la vita.

La mente non aveva più così tanto potere come prima, anche se si ribellava violentemente e usava ogni trucco per indurmi a identificarmi con l'infelicità e il giudizio. Io però la combattevo e avevo inviato un messaggio a un'amica che si trovava nell'ashram di Amritapuri pregandola di chiedere ad Amma se fosse necessario che assumessi psicofarmaci. Amma rispose che avrei dovuto prendere le medicine.

Cominciai con gli psicofarmaci di prima linea, ma gli unici effetti che produssero furono quelli collaterali. Il primo farmaco mi causò palpitazioni e un senso di soffocamento. Riuscivo a eliminare questi sintomi con litri di acqua a cui avevo aggiunto l'acqua proveniente dall'*Atma Puja* (cerimonia in cui Amma benedice dell'acqua). Il secondo mi provocò episodi maniacali. Sebbene adesso la casa e l'auto fossero molto, molto, molto puliti, il farmaco non riuscì a migliorare il mio stato mentale.

Continuavo a chiedermi: 'Perché Amma mi avrebbe detto di prendere le medicine se fossero inutili?' La mia fede era solida. Sapevo che, se aveva detto che dovevo curarmi allora era così, ma non riuscivo a capire perché la terapia fosse inefficace. Alla fine ebbi l'intuizione che forse stavo assumendo un tipo di farmaci sbagliato.

Mi rivolsi a un medico. La mia tiroide non funzionava correttamente, mancavo di nutrienti e il mio organismo stava smettendo di funzionare. Il mio non era un problema di natura psicologica, ma medica. Per anni il dottore lottò per riuscire a formulare il giusto dosaggio dei farmaci tiroidei, mentre io mi prendevo cura dell'aspetto nutrizionale e spirituale.

Non appena i farmaci cominciarono a fare effetto e l'organismo ricevette i nutrienti di base, cominciai a identificarmi sempre più con il Sé eterno che è in noi, il Sé che la Madre mi aveva fatto percepire attraverso il suo darshan. Lentamente cominciai a notare che il mio rapporto con la depressione, l'ansia e tutto il resto della mia vita stava cambiando. La mente e le emozioni persero sempre di più il loro potere convincente.

Mi era stato dato un assaggio del mio vero Sé, Quello che percepisce la mente e ne è il testimone, Inamovibile e assolutamente libero.

Per grazia della Madre, sono ancora in questo corpo e posso raccontare la mia storia e, soprattutto, so chi IO SONO.

La Madre mi ha salvato la vita mostrandomi che io sono la Vita".

Da tanto tempo pensiamo di essere il corpo, la mente e le emozioni. Ci aggrappiamo disperatamente ad ogni sentimento passeggero che ci attraversa, pensando che quello sia la nostra realtà. Quando ci si identifica con il corpo e con le sue emozioni mutevoli, è impossibile credere di essere una scintilla della Coscienza suprema; ma quando si ritorna al proprio centro s'inizia a fare esperienza della pace interiore che c'è sempre stata.

Amma ha compiuto l'impresa pressoché impossibile di affrancare il suo Sé dalla schiavitù del condizionamento umano e tutto quello che esso comporta: desideri, paure e dolori. Ecco perché può incarnare ed esprimere la Divinità interiore e l'amore che abbiamo dentro di noi. Sfortunatamente non riusciamo ancora a riconoscere tutto ciò e così questa perla preziosa resta intrappolata al nostro interno.

Amma non ci giudicherà mai, non amerà mai nessuno più di un altro, né guarirà una persona piuttosto di un'altra: non è questo il suo modo d'agire. La grazia elargisce le sue benedizioni a coloro che la invocano nel modo giusto, ovunque si trovino.

La nostra vita si manifesta in accordo con gli atteggiamenti che assumiamo. Tocca a noi esprimere la forza interiore necessaria per un cambiamento. Dipende solo da noi. Quando facciamo uno sforzo, le porte della grazia si aprono.

Capitolo 18

Affrontare la morte

"Vi prego, non preoccupatevi così tanto perché, in fin dei conti, nessuno rimane a lungo su questa Terra. La vita scorre veloce e, se vi capita di essere depressi, alzate gli occhi e guardate il cielo d'estate con le stelle sparse nella notte vellutata. E quando una stella cadente sfreccia nell'oscurità, rischiarando la notte col suo bagliore, esprimete un desiderio e pensate a me. Fate in modo che la vostra vita sia spettacolare".

— *Robin Williams nel film "Jack"*

Dobbiamo essere più forti che mai e, per quanto possibile, sforzarci di elevarci ed essere sempre più buoni vivendo rettamente. Questo è l'unico modo per trovare la felicità in questi tempi precari.

Se piantiamo semi di bontà raccoglieremo il bene, altrimenti saremo destinati a soffrire.

Viviamo nell'epoca del Kali Yuga. Purtroppo il sistema dei valori sta declinando rapidamente e senza sosta; tuttavia non possiamo negare che sia possibile assaporare la pace e l'armonia se nella nostra vita prevalgono valori positivi.

Ho letto la storia di un sopravvissuto all'Olocausto che assistette allo sterminio dell'intera famiglia (la moglie e tutti i figli), uccisa a colpi di pistola sotto i suoi occhi. In quel momento realizzò che i nazisti gli avrebbero potuto sottrarre tutto tranne la sua pace interiore. L'uomo sapeva che avrebbe perso la sua forza mentale se si fosse abbandonato a sentimenti di odio e di paura. Decise di scegliere l'amore. In qualche modo fece emergere la forza interiore per controllare la mente e trasformare il flusso dei pensieri negativi in abbandono e accettazione. Con un vero atto di coraggio, scelse la pace.

Non possiamo controllare il mondo circostante. Ciò che possiamo cercare di controllare è lo stato della nostra mente. Non c'è più tempo da perdere, dobbiamo sforzarci e impegnarci a farlo. Se i nostri tentativi sono sinceri, allora attrarremo come un magnete la grazia di Amma, e la sua grazia potrà trasportarci come un'onda verso la pace e la realizzazione ultima, indipendentemente dalle circostanze esterne.

Durante una sessione di domande e risposte sulla spiaggia di Amritapuri, uno dei presenti domandò: "Amma, potresti indicarmi un altro traguardo? Non penso che riuscirò mai a realizzare Dio. Nemmeno tra un milione di vite potrò mai diventare come te. Non c'è qualcos'altro per cui posso lottare, qualcosa di più realistico?". Amma rispose che "realizzare Dio, la fine di tutte le sofferenze, è l'obiettivo supremo della vita ed è possibile conseguirlo se ci sforziamo".

Abbiamo un Maestro vivente e, se facciamo del nostro meglio per ottenere in qualunque modo la sua grazia, la realizzazione del Sé diventerà realtà.

Poi lei proseguì dicendo che siamo già Amma; dobbiamo solo rimuovere gli strati superflui che oscurano questa verità. Amma è già dentro di noi, più vicina che mai, è il gioiello che dimora nel loto del nostro cuore.

In essenza noi siamo puri, ma ci riempiamo di così tanti pensieri negativi che è difficile ottenere una nostra sostanziale trasformazione interiore.

Amma accennò al fatto che, secondo la tradizione, il Guru non suggeriva la pratica della meditazione ai suoi discepoli prima che avessero trascorso molti anni con lui e osservava attentamente la capacità mentale di ciascuno per valutare quali fossero le pratiche spirituali più favorevoli alla sua crescita.

La vera meditazione è un flusso, una contemplazione incessante di Dio. Se vi fermate a riflettere e siete onesti con voi stessi, quando siete seduti a meditare, per quanti secondi riuscite a pensare ininterrottamente a Dio? Scommetto che molti di noi sono fortunati se riescono a farlo per dieci secondi in un'ora, e questo quando va bene.

In passato la meditazione era di solito l'ultima pratica consigliata e i discepoli dovevano servire per molti anni il proprio Maestro prima di ricevere qualche insegnamento spirituale. Dopo molti anni di servizio, ottenevano la purezza e l'acutezza mentale necessaria per meditare. A quel punto il Guru poteva recitare un *mantra* sacro di poche sillabe che li avrebbe innalzati verso stati spirituali elevati.

I tempi sono cambiati. Il Guru può darci molto *seva* da svolgere, gridare un'infinità di mantra spirituali nelle orecchie e persino cantare e ballare per noi, ma noi possiamo essere così testardi da restare radicati nel nostro egoismo e continuare a non desiderare di evolvere.

Amma ci offre una *sadhana* perfettamente bilanciata, formata da servizio disinteressato, meditazione, ripetizione del mantra, preghiere collettive, mentre con le sue azioni incarna umilmente tantissime virtù sottili. Lei sa che per la maggior parte di noi il servizio disinteressato è il modo più semplice per purificare i nostri ego ostinati e arroganti. È possibile assaporare la gioia della devozione sin dall'inizio del nostro cammino spirituale, compiendo atti di servizio disinteressato.

Amma ci ricorda spesso che il nostro tempo sulla Terra è limitato: "Figli, ricordate che questo corpo è solo in prestito. Ad un certo punto ci verrà chiesto di lasciarlo e dovremmo andarcene. Se siamo proprietari di una casa, saremo felici di abbandonare quella in affitto quando ci verrà chiesto di lasciarla libera. Occorre realizzare ciò che è eterno finché dimoriamo in questo corpo.

In tal modo potremo vivere eternamente nella dimora di Dio".

La tradizione narra di un grande devoto chiamato Eknath. Un giorno un uomo gli pose questa domanda: "Venerabile, la vostra vita è così pura. Non avete peccati, non siete in competizione e non litigate con nessuno. Com'è possibile vivere una vita così meravigliosa?"

Eknath rispose: "Non guardare la mia vita. Ho un presentimento che ti riguarda: tra sette giorni lascerai questa Terra".

L'uomo era terrorizzato, sapeva che ciò che diceva Eknath si avverava sempre. Corse a casa e non parlò con nessuno. Nulla riusciva ad attirare la sua attenzione. Portò a termine tutti i suoi doveri e in qualche modo arrivò al sesto giorno.

Il settimo giorno Eknath andò a trovarlo. Vedendolo, l'uomo si alzò immediatamente e gli si prostrò.

"Come stai?" chiese Eknath.

"Ormai è tutto finito per me" rispose.

"Quanti peccati hai commesso negli ultimi sei giorni? Hai avuto pensieri negativi?" domandò Eknath.

L'uomo rispose: "Swamiji, non ho avuto tempo di pensare ai peccati, l'unico mio pensiero era la morte che mi stava aspettando".

Sorridendo, Eknath esclamò: "Forse ora hai la risposta alla domanda sul perché sono capace di condurre una vita semplice".

Non sappiamo quanto a lungo vivremo. Questa vita ci è stata data come un'opportunità preziosa e i giorni scorrono così velocemente. Onestamente, tutto quello che possiamo fare è vivere ogni giorno come se fosse l'ultimo e cercare di essere i migliori esseri umani possibili quando ci è ancora concesso di farlo.

Un volontario ha condiviso con me alcune esperienze assai toccanti:

"Ho accompagnato da Amma tantissimi malati in fase terminale che erano su una sedia a rotelle e ogni volta sono rimasto colpito nel vedere come attraverso di loro lei diffonda la sua grazia e il suo amore. Sono sempre sorpreso e molto commosso da coloro che soffrono così tanto e vengono per ricevere il darshan di Amma, nonostante i loro problemi fisici e mentali. Ho avuto la benedizione

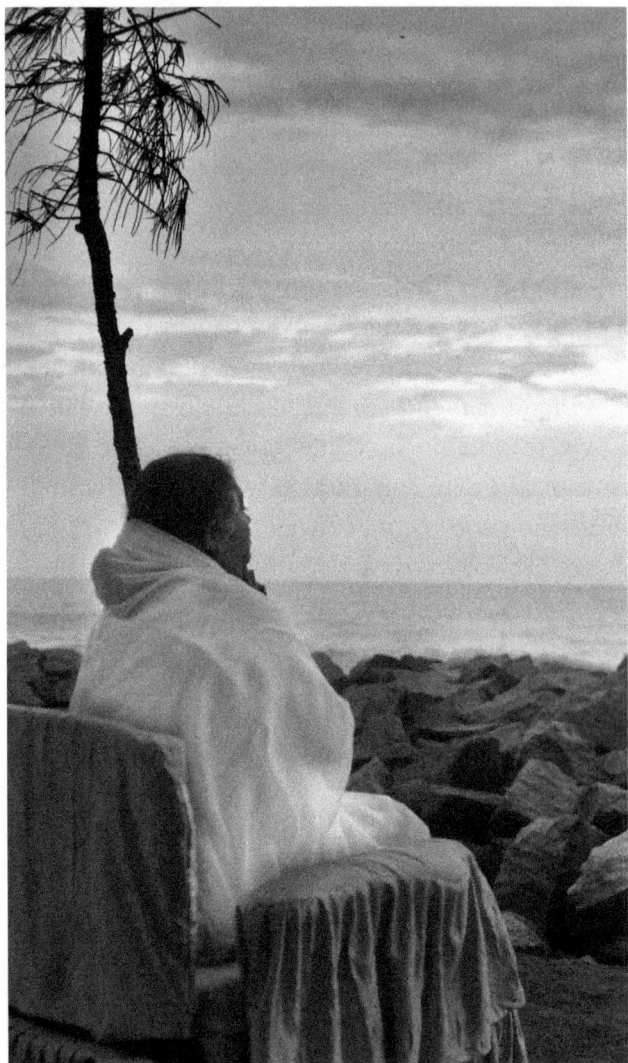

di svolgere il compito di accompagnare alcuni devoti a quello che sarebbe stato il loro ultimo darshan.

Nello stato dell'Iowa, viveva una donna con un tumore in fase terminale. Era arrivata su una sedia a rotelle, accompagnata dal suo compagno. Ritornando dal darshan, mi disse pacatamente di essere certa che Amma avesse udito la sua preghiera: che il suo compagno non restasse solo dopo la sua morte. Mi vennero le lacrime agli occhi davanti all'amore e alla generosità che mostrava per lui. Io so di non essere capace di un simile amore.

Quest'anno un'altra donna proveniente da un *hospice* (luogo di accoglienza e ricovero per malati in fase terminale, N.d.T.) insistette affinché le fosse concesso di stare vicina ad Amma il più a lungo possibile. I suoi amici mi riferirono la sua richiesta e trovammo un angolo vicino a una presa elettrica, poiché aveva bisogno di un'apparecchiatura che l'aiutasse a respirare. La donna voleva rimanere sveglia e stare accanto ad Amma il più possibile.

Quando la accompagnai al suo primo darshan, Amma le chiese gravemente cosa le avesse detto il dottore. Con un bellissimo sorriso pieno d'amore e con voce felice rispose: 'Dicono che morirò, Amma... dicono che morirò'. E poi aggiunse: 'Ti voglio tanto bene, Amma. Ti voglio così tanto bene!'

In casi come questo devo andare dietro al palco perché l'emozione è troppo forte. Devo prendermi un minuto per respirare e poter piangere.

Una volta accompagnai da Amma un bimbo di cinque anni che soffriva di cancro. Mentre ci avvicinavamo, si accasciò e perse conoscenza. La sua dolce madre si fece prendere dal panico e domandò: 'E adesso cosa facciamo? E adesso cosa facciamo?'

'Non ti preoccupare', risposi.

Presi il bambino e dissi alla madre di recarsi al darshan. Lei andò e, mentre Amma la teneva tra le braccia, le lacrime

della donna si fusero nel sari di Amma.
Portai il piccolo da Amma, reggendolo
mentre lei gli dava l'ultimo darshan che
avrebbe ricevuto in questo regno.

Potrei continuare all'infinito... Non
so perché mi sia stata accordata una grazia così immensa. Gli occhi si riempiono
di lacrime se penso all'enorme privilegio
che mi offre Amma, permettendomi di
aiutare i suoi figli a giungere a lei negli
ultimi momenti di questa vita. È qualcosa che la mia mente non riesce a comprendere".

Amma non si impone mai a nessuno. Semplicemente offre se stessa, così come un fiume puro
offre le sue acque a coloro che stanno morendo
di sete. La Grazia di Dio, nella forma del Guru,
giunge come soave brezza a portarci refrigerio
in questo deserto torrido. Questa grazia è più
potente di qualsiasi fato a cui siamo predestinati.
Amma splende di una luce viva, mostrandoci
la via per procedere nei momenti difficili. Vi
saranno sempre problemi nel mondo, ma con
uno sforzo sincero e con il giusto atteggiamento

potremo superarli. Nulla è più grande del potere dell'amore che illumina il nostro cammino.

Non c'è proprio niente di cui temere. Nei momenti più bui, ricordare l'amore di Amma è il talismano che ci proteggerà sempre.

Alziamoci, quindi. Serviamo Amma servendo gli altri. Dissipiamo la negatività che cerca di travolgerci. Liberiamoci dall'oscurità e realizziamo meraviglie. Impegniamoci, in qualsiasi modo possibile, a conquistare la Grazia divina. È davvero molto facile ottenere la grazia di Amma. È sufficiente che assumiate un atteggiamento innocente e vi sforziate sinceramente di compiere tutto il bene possibile. Allora la Grazia divina vi abbraccerà e vi condurrà alla meta.

www.ingramcontent.com/pod-product-compliance
Lightning Source LLC
LaVergne TN
LVHW051547080426
835510LV00020B/2890